Der Notweg.

Seine Geschichte und seine Stellung im heutigen Recht.

Von

Dr. Georg Buch

a. o. Professor der Rechte an der Universität Breslau.

1919

München, Berlin und Leipzig

J. Schweitzer Verlag (Arthur Sellier).

Druck von Dr. F. P. Datterer & Cie. (Arthur Sellier) München-Freising

Inhalt.

Einleitung.

Wirtschaft, Verkehr und andere Dinge des menschlichen Beisammenlebens verlangen nach erfolgter Aufteilung von Grundnutzung oder Grundeigentum ein Netz von Straßen und Wegen verschiedenster Art. Diesem Bedürfnis hat man von jeher durch Freihaltung vorhandener, durch planmäßige Anlegung neuer Zugänge Rechnung getragen. Aber selbst das vielfältigste Wegesystem wird nicht hindern können, daß vereinzelt für diese oder jene Zwecke Fälle von Zugangs n o t vorkommen. Diese Not wird häufig nicht von so allgemeiner Bedeutung sein, daß ihr die Staatsgewalt durch Erweiterung des vorhandenen Wegenetzes abzuhelfen Veranlassung hätte; vielmehr wird die Obrigkeit den Ausgleich oft lediglich durch die besonderen Rechtsbeziehungen der Beteiligten untereinander erfolgen lassen. Sie schafft, soweit nicht durch private Abmachungen der Beteiligten eine Wegegerechtsame begründet und dadurch die schwierige Lage behoben wird, dem in einer Zugangsnot von Dauer Befindlichen gegen seinen Rechtsgenossen das Recht auf einen Ausnahmeweg, auf einen N o t w e g: der Rechtsgenosse, der gütlichem Zuspruch unzugänglich ist, wird gezwungen, in dringenden Bedarfsfällen Weg und Steg herzugeben.

In der geschichtlichen Entwickelung finden wir den Notweg entweder als überflüssig wegen der besonderen Wege- oder Wirtschaftsverhältnisse oder wir sehen, daß er für einzelne oder für vielerlei Bedürfnisse anerkannt ist; wo er vorkommt, wird er durch verschiedenartige und in ihrer Natur durchaus nicht immer unbestrittene Rechtsformen geschaffen: durch staatlichen — administrativen oder richterlichen — Eingriffsakt mit zwangsweiser Schaffung einer Wegegerechtigkeit, durch gesetzliche Pflicht zur rechtsgeschäftlichen Einräumung einer solchen Gerechtigkeit und in noch anderen Formen, die der juristischen Konstruktion Raum lassen.

Unser modernes deutsches Privatrecht gibt das Recht auf den Notweg regelmäßig nur bei Grundstücken, denen die zur ordnungsmäßigen Bewirtschaftung erforderliche Verbindung mit einem öffentlichen Wege fehlt; in solchen Fällen kann der Eigentümer von den Nachbarn verlangen, daß sie bis zur Hebung des Mangels die Benutzung ihrer Grundstücke zur Herstellung der erforderlichen Verbindung dulden; die Richtung des Notwegs und der Umfang des Benutzungsrechts werden dabei erforderlichen Falles durch Urteil bestimmt (§ 917 BGB.).

Diese — dem Gebiet des „Nachbarrechts" angehörende — Vorschrift schafft Beziehungen zwischen den Beteiligten, die nicht von einheitlicher Rechtsnatur zu sein scheinen. Man hat das Notwegrecht wie andere Nachbarrechte de lege lata in den „Inhalt des Eigentums" (BGB. III. Buch 3. Abschnitt 1. Titel) mit aufgenommen, ihm also keine besondere Rechtsstellung gegeben, sondern es in den Kreis der gewöhnlichen bzw. außergewöhnlichen Grundeigentümerbefugnisse und -pflichten hineingesetzt. Das könnte nicht hindern, neben dem dinglichen Hauptcharakter zugleich in Recht und Pflicht der Gestattung eine schuldrechtliche Beimischung und trotz der Eingliederung in den Eigentumsinhalt beim abredegemäß oder durch Urteil örtlich festgelegten Notweg das Vorliegen einer besonderen dienstbarkeitsähnlichen Gerechtsame gegebenenfalls festzustellen.

Aus diesen und anderen Gründen wird die — durchaus nicht bloß theoretische — Frage nach der juristischen Natur des Notwegrechts in der Literatur auf verschiedene Weise beantwortet.[1]) Wenn sie an dieser Stelle noch einmal aufgestellt werden soll, so sei dies durch das Vorhaben gerechtfertigt, aus historischen Betrachtungen gebührenden Nutzen für die Gegenwart zu ziehen.

Die Einzelheiten des heutigen Notwegrechts sind sowohl kommentatorisch wie in den Monographien von Rüdenberg und Kulenkampff ausgiebig genug behandelt, so daß die folgende Darstellung sich auf die Erörterung der juristischen Natur dieses Rechts, seiner Durchsetzung und Ausübung beschränken darf; die geschichtlichen Untersuchungen dagegen werden auf breiterer Grundlage erfolgen und auch mancherlei Einzelnes in ihren Kreis ziehen müssen, weil sie jedesmal vor die Frage führen, ob und inwieweit ein Recht auf den Notweg überhaupt anerkannt wurde.

---

[1]) Vgl die Einzeldarstellungen von Menzel, Das Recht des Notweges, in den Wiener Juristischen Blättern 25. Jahrgang Nr. 19—22 (S. 217 ff.); Rüdenberg, Das Notwegrecht (1905) und Kulenkampff, Notwegrecht und Besitzschutz nach dem Bürgerlichen Gesetzbuch (1911).

A. Aus dem antiken Recht.

1. In den Quellen des römischen Rechts finden wir das Sacheigentum als eine schrankenlose Herrschaftsbefugnis. Trotzdem wird man aus allgemein wirtschaftlichen und rechtsvergleichenden Überlegungen heraus wohl ohne Bedenken annehmen dürfen, daß jene scharfe Begriffsprägung auf die tatsächlichen Verhältnisse wenigstens beim Grundbesitz nicht völlig paßt.[1]) Denn auch nach der Überwindung älterer kommunistischer Wirtschafts- und Berechtigungsformen wird im Liegenschaftsrecht die Rücksichtnahme auf die Bedürfnisse des nachbarlichen Nebeneinanderwohnens bestanden und den konkreten Rechtsinhalt des Eigentums beeinflußt haben.[2]) Und so würde auch in der Zeit der Rechtsquellen und der gereinigten Begriffe die Eigentumsnorm dringenden Wirkschaftsbedürfnissen, die sie zu stören drohte, angepaßt: Mit Einverständnis des Eigentümers konnte sein Eigentum rechtsgeschäftlich belastet werden, aber es konnten ihn auch Duldungs- und Unterlassungspflichten treffen, die der Gesetzgeber ihm ohne Rücksicht auf seinen Willen auflegte.

Ob man diese gesetzlichen Einengungen nur als Grenzen des Eigentumsinhalts anzusehen und damit seine Wandelbarkeit bei Grundstücken zugeben — oder ob man in ihnen schuldrechtlich oder öffentlichrechtlich wirkende Eigentümerpflichten oder gar dingliche Lasten auf dem Eigentumsrecht zu erblicken hat, braucht hier nicht eingehend erörtert zu werden. Für einen modernen Gesetzgeber wird eine vorherige Stellungnahme zu solchen Fragen unbedingt nötig sein, für die Darstellung des römischen Nachbarrechts dagegen ist sie heute wohl entbehrlich und doch auch nur durch Rückschlüsse aus der Art der benutzten Klagemöglichkeiten zu gewinnen. Die im Gebiet des Nachbarrechts liegenden Eigentumsbeschränkungen seien nur insoweit erwähnt, als sie für die Frage nach dem Vorhandensein eines allgemeinen Rechts auf den Notweg verwertbar sind.

Restlose Ausnützung des Eigentumsbegriffs müßte dem Eigentümer die Erlaubnis geben, mit seinem Eigentum beliebig zu

---

[1]) Vgl. Mitteis, Röm. Privatrecht I (1908) S. 87ff.

[2]) Vgl. Kuhlenbeck, Entwickelungsgeschichte des römischen Rechts (1913) II S. 263; Rabel, Grundzüge des römischen Privatrechts (in Holtzendorff-Kohlers Enzyklopädie 7. Aufl.) § 30.

verfahren und jede, auch die kleinste fremde Einwirkung auf seine Herrschaftssphäre zu verbieten. Ein solcher Satz brauchte Milderungen. Eigentumsausnützung zum Zweck der Schikane gegen den Nachbar war unzulässig: durch Grabenarbeiten auf dem eigenen Grundstück durfte man z. B. des Nachbars Wasser zwar zu eigenem Nutzen, nicht aber durfte man es lediglich in Schädigungsabsicht ableiten.[3]) Ein Schritt weiter: der Grundeigentümer mußte sich unerhebliche Einwirkungen, die ihm die gewöhnliche Betätigung des Nachbars brachte, z. B. geringen Rauch, geringe Feuchtigkeit gefallen lassen[4]) und durfte nur ungewöhnlichen Belästigungen entgegentreten.[5]) Er wurde ferner im öffentlichen Interesse baupolizeilichen Vorschriften unterworfen: staatliche Aufsicht hielt ihn an, schadhafte Gebäude auszubessern[6]) und beim Bauen (und bei Baumpflanzungen) auf den Nachbar Rücksicht zu nehmen, nämlich einen bestimmten Abstand von der Grenze einzuhalten[7]); mit Rücksicht auf den Nachbar war es ihm verboten, die Form seines Hauses zu ändern, wenn dadurch dem Nachbar Licht, Zugang oder Traufe beeinträchtigt wurden.[8]) Unzulässig wurde dann in der Kaiserzeit auch ein Bau, durch den der Tenne des Nachbars der Luftzug genommen wurde[9]); unzulässig war es ferner, Veranstaltungen zu treffen, durch die der natürliche Abfluß des Regenwassers für den Nachbar gehindert wurde[10]); und neben diesem letzteren Verbot stand ein unmittelbares Einwirkungsrecht des Nachbars, wenn der Wasserlauf sich auf natürliche Weise geändert hatte: dann durfte er nämlich als Oberlieger das Nebengrundstück betreten und das Hindernis beseitigen.[11]) Ein solches Recht zur selbständigen Beseitigung gab es auch beim überhängenden oder mit seinen Wurzeln in das Erdreich eindringenden Baum des

[3]) Dig. 39. 3 1. 12.

[4]) Dig. 8. 5 8. 5 u. 6; 8. 2. 19 pr

[5]) Dig 8. 2. 19 pr ; 8. 5. 8. 5; 8 5. 17 pr.; 8. 5. 17. 2.

[6]) Dig. 39. 2. 46 pr.; 1. 18. 7; Cod. 8 10. 8.

[7]) Zwölftafeln VII. 1; Dig. 8. 2 14.

[8]) D 8 2 11 pr.; 8. 2. 41 1

[9]) C. 3. 34 14. 1.

[10]) Zwölftafeln VII. 8; D. 39. 3. 2 5 u. 6; 39. 3. 11. 2; 39. 3. 12. Man kann (und das ist auch geschehen) hier und ähnlich bei den anderen Fällen erwägen, ob es sich dabei für den Unterlieger überhaupt um eine Eigentumsbeschränkung handelt oder ob nicht vielmehr mit der Absperrung des Wasserweges das fremde Eigentum verletzt wird, das Verbot also nur ganz im Rahmen der gewöhnlichen Eigentumsrechte liegt. Das scheint — nach dem Klagenschutz zu schließen — nicht die Ansicht in der römischen Rechtshandhabung gewesen zu sein; denn der abgesperrte Oberlieger hat keine a. negatoria, sondern nur die rein schuldrechtlich wirkende actio aquae pluviae arcendae.

[11]) Ein ähnliches Recht, das fremde Grundstück zu betreten, gab es zwecks Instandhaltung der Kloaken; vgl. Karlowa, Röm Rechtsgesch II S 517ff.

Nachbars[12]); andererseits lag die Pflicht zur Duldung nicht hinderlicher Zweige im allgemeinen Gedanken des notwendigen Hinnehmens unerheblicher nachbarlicher Einwirkungen.

Fälle, in denen die Notlage einen — meist unerheblichen — Eingriff in fremdes Eigentum erlaubte, ergaben sich dann, wenn eigene Früchte auf das Nachbargrundstück gefallen waren und von dort geholt werden konnten[13]) und — allgemeiner, aber regelmäßig unter Kautelen mit Kalumnieneid und Entschädigungspflicht — wenn überhaupt und ohne Rücksicht auf Vizinität die eigene Sache sich auf fremdem Grundstück befand und das Recht ihre Abholung gestattete.[14])

Eine durch die Rücksicht auf die Allgemeinheit geschaffene Beschränkung des Grundeigentums lag darin, daß bei flumina publica die Flußufer der Schiffahrtsausnützung nicht entzogen werden durften,[15]) die Schiffer vielmehr trotz des Privateigentums der Uferanlieger landen, am Land Sachen aus- und einladen, das Schiff an Bäumen befestigen durften u. a.[16])

Erwähnt sei endlich noch die als consuetudo ausgebildete, durch Konstitutionen Gratians und Valentinians näher geregelte Pflicht des Grundeigentümers, den Bergwerkskundigen gegen Entschädigung nach Fossilien graben zu lassen.[17])

Die Beispiele ließen sich mehren. Man sieht jedenfalls, daß das Eigentum aus Rücksicht auf die Interessen der Allgemeinheit oder auf die Notlage des Einzelnen Einengungen erfahren konnte und daß die römische Rechtsgestaltung von diesem Gedanken in mancherlei Fällen Gebrauch gemacht hat.

Zu beachten ist in diesem Zusammenhang auch, daß der Richter, wenn er adjudikatorisch tätig war, in ähnlichem Sinne auf Nachbarinteressen Rücksicht nehmen und demgemäß das Grundeigentum des Einzelnen ausgestalten konnte, sei es, daß er bei

---

[12]) Über das interdictum de arboribus caedendis D. 43. 27. 1 pr.; 43. 27. 1. 7; Cod. 8. 1. 1. Die Beseitigung hätte auch mit der a. negatoria gefordert werden können. Über die Pflicht, einen Baum, dessen Zweige auf ein fremdes Gebäude niederhängen, a. stirpe zu beseitigen, Dig. 43. 27. 1. 2.

[13]) Zwölftafeln VII. 10. Dig. 43. 28, auch Dig. 10. 4. 9. 1.

[14]) Dig. 10. 4. 5. 3—5; 10. 4. 9. 1; 10. 4. 15; 39. 2. 9. 1.

[15]) Dig. 43. 12. 1. pr. u. 4; 43. 13. 1. pr. u. 2; 43. 14. 1. pr. u. 1.

[16]) Inst. 2. 1. 4; Dig. 43. 14. 1. pr.

[17]) Dig. 8. 4. 13. 1. Cod. 11. 7 (6). 3 u. 6. Eine fast bis zur Aufhebung des Eigentums überhaupt gehende Beschränkung lag übrigens darin, daß die Vindikation des von einem Nichteigentümer verbauten Materials bis auf weiteres versagt war. Dig. 6. 1. 23. 6 u. 7; 10. 4. 6 u. 7. pr.; 41. 1. 7. 10; 47. 3; es handelt sich dabei zwar um Mobilien, doch ist immerhin zu sehen, daß man kein Bedenken trug, die restlose Ausnützung des Eigentums zu hindern, wenn solche Ausnützung den Rechtsgenossen Nachteile bringen mußte, die zum Interesse am intakten Eigentum außer Verhältnis standen.

der Grenzziehung auf die nötigen Zwischenräume zwischen Gebäuden u. ähnl. achtete[18]) oder daß er kraft seines Amtes dem Einzelnen gegebenenfalls Eigentumsbeschränkungen mit Dienstbarkeitsinhalt auflegte.[19])

2. In Dig. 8. 6. 14. 1. ist durch Javolenus „ex Cassio" berichtet: „cum via publica vel fluminis impetu vel ruina amissa est, vicinus proximus viam praestare debet". In augenblicklicher Notlage war also der Weg über fremdes Land gegeben. Es fragt sich, ob eine ihrer Natur nach dauernde Wegenot in gleicher Weise ein dauerndes Benutzungsrecht verschaffen konnte. Die Quellenstelle, die hierbei eine Unterlage bietet,[19a]) betrifft den Weg zur Begräbnisstelle.

Ulpianus libro vicesimo quinto ad edictum: Si quis sepulchrum habeat, viam autem ad sepulchrum non habeat et a vicino ire prohibeatur, imperator Antoninus cum patre rescripsit, iter ad sepulchrum peti precario et concedi solere, ut, quotiens non debetur, impetretur ab eo, qui fundum adiunctum habeat. Non tamen hoc rescriptum, quod impetrandi dat facultatem, etiam actionem civilem inducit, sed extra ordinem interpelletur praeses et iam compellere debet justo pretio iter ei praestari, ita tamen, ut judex etiam de opportunitate loci prospiciat, ne vicinus magnum patiatur detrimentum.

Voraussetzung ist hier also, daß jemand ein sepulcrum ohne Zugang im fremden Grundstück hat. Wird ihm ein Zugangsrecht nicht rechtsgeschäftlich geschuldet, so kann er dessen Einräumung gegenüber dem Nachbar durchsetzen. Die lex cit. ergibt ferner, daß diese Befugnis erst durch ein Reskript der Kaiser Caracalla und Severus festgelegt ist. Auch ist, wie das Reskript sagt, die Einräumung des iter ad sepulcrum noch von weiteren Voraussetzungen abhängig: Es muß zunächst versucht werden, ob nicht der Nachbar den Weg bittweise einräumen will, und erst wenn dieser Versuch mißlingt, erfolgt die richterliche Einwirkung und schließliche Begründung des Notweges gegen Festsetzung eines justum pretium und unter möglichster Rücksichtnahme auf die Interessen des zu belastenden Grundstücks.

Nehmen wir an, im Raume eines Landguts war ein Einzelgrab oder eine Familien- oder eine Erbbegräbnisstätte[20]) angelegt worden. Sobald auf dem betreffenden Platz ein Begräbnis statt-

[18]) Dig. 10. 1. 13.

[19]) Dig. 10. 2. 22. 3: Sed etiam cum adiudicat, poterit imponere servitutem, ut alium alii servum faciat ex iis quos adiudicat

[19a]) Dig. 11. 7. 12 pr.

[20]) Vgl. über die Begräbnisplätze Marquardt, Privatleben der Römer I S. 350ff.; außerdem Mommsen, Zum römischen Grabrecht, in Z. f. RG. rom. Abt. 16 S. 203ff.

gefunden hatte, war er Wohnung des Toten und stand als locus religiosus in keines Lebenden Besitz und Eigentum.[21]) Die Veräußerung eines solchen sepulcrum wäre also nichtig gewesen — auch ohne jene Veräußerungsverbote und Veräußerungsstrafen, wie wir sie in zahlreichen Monumentsinschriften finden[22]); diese Klauseln waren aber wichtig, soweit sie den Kreis der Begräbnisberechtigten näher bestimmten und das alienum corpus invehere unter Strafe stellten. Außerdem hatten Veräußerungsverbote deshalb Bedeutung, weil sie auch die Nachbarflächen des locus religiosus wie horti cohaerentes, besonders Gebäude u. ähnl. betreffen konnten, denn diese bei reicheren Gräbern üblichen Zugehörigkeiten[23]) waren nicht loca religiosa, also auch nicht extra commercium.[24])

Wer das ius sepulcri, d. h. ein Bodenrecht (mit möglicherweise sehr verschiedenartigem Inhalt) am Grabe hatte, ergab sich aus der Art des Grabes und aus seiner Zweckbestimmung. Das Recht auf die eigene Beisetzung im sepulcrum familiare war gewöhnlich den Gentilen, also den Namensgenossen des Stifters, später meistens auch seinen Freigelassenen und deren Nachkommen stiftungsgemäß gegeben.[25]) Zum eigentlichen Recht, beizusetzen und beigesetzt zu werden, trat das Bodenrecht auf Vornahme der — durch sakrale Vorschriften diktierten — Handlungen des Totenkults; deshalb mußte der Berechtigte zum Grab gehen, es umschreiten, Wasser schöpfen, Holz für die Opferfeuer entnehmen und ähnliche Handlungen verrichten dürfen. Die Grabinschriften enthalten manchmal solche Aufzählung mit dem Bemerken, daß diese Befugnisse den Berechtigten „lege publica" zuständen.[26]) Wie weit die Vorschriften des sakralen Rechts hier Pflichten schufen und darum jene ausdrücklichen Aufzählungen überflüssig waren[27]) oder aber bedeutsame Ergänzungen enthielten, läßt sich wohl nicht genauer feststellen. Sicherlich konnten die Anweisungen des Stif-

[21]) Gaius II. 6; Dig. 11. 7. 6. 1; 41. 2. 30. 1; das noch leere Grab (*κενοτάφιον*) dagegen konnte Gegenstand des Rechtsverkehrs sein.

[22]) Vgl die Inschriften bei Bruns, Fontes, 7. Aufl., S. 377 ff. (iura sepulcrorum A. u. B).

[23]) Marquardt S. 357 f. und Pauly-Wissowa, Realenzyklopädie s. v. cepotaphium (*κηποτάφιον*. das Grab im Garten).

[24]) Dig. 18. 1. 73. 1; Cod. 3. 44. 9; 3. 44. 4. Man machte also einen Unterschied zwischen der engeren rechteckigen Grabstätte und den zugehörigen Nebenanlagen wie Rosengärten, Obstgärten, Weinpflanzungen, Wasserwerken, Verwaltungs- und Festgebäuden.

[25]) Vgl. Bruns, Fontes, iura sepulcrorum A. B. D, auch Mommsen a. a. O. S. 212 ff.

[26]) Z. B. Bruns, Fontes, iura sepulcrorum Nr. 45 u. 46.

[27]) Daß sie das bis zu einem gewissen Grade waren, ergibt sich aus ihrer mehr exemplifikativen Fassung; vgl. die Inschrift bei Bruns a. a. O. Nr. 46: ... **excipitur itus, actus, aditus, ambitus, item aquae, areamenta, funem, pistrini, furni, virgarum, ligni sacrificiis faciundis e t c e t e r a, q u a e i n l e g e p u b l i c a c o n t i n e n t u r.**

ters für einzelne Pflichten der Familienmitglieder oder des Erben[28]) sowie für die Legitimation der Berechtigten Bedeutung haben, eine Duldungspflicht für extranei aber zu schaffen, waren sie nach den uns geläufigen Rechtsgrundsätzen wohl außerstande. Die Pflicht des Eigentümers eines Grundstücks, in dem ein fremder Begräbnisplatz lag, das Hingehen der Grabberechtigten zu dulden, konnte jedoch sehr wohl auf allgemeine Vorschriften des Sakralrechts beruhen. Und es ist möglich, daß diese Pflicht später einen privatrechtlichen Niederschlag zeitigte: der Grabberechtigte, der keinen Zugangsweg hatte und dem auch nicht kraft Rechtsgeschäfts die Einräumung eines solchen Weges vom fremden Grundeigner geschuldet wurde, konnte die unentgeltliche Hergabe eines Zugangs in außerordentlichem Verfahren durchsetzen; das ist der iter ad sepulcrum der zitierten lex 12 pr. Dig. XI. 7.

Zugangsnot konnte sich für den Grabberechtigten aus mancherlei Gründen ergeben. Waren die Gräber an einer via publica errichtet, so war der Zugang frei. Lagen sie, was auch häufig vorkam, an den Grundstücksgrenzen oder Grenzknotenpunkten,[29]) so bot der limes zugleich den Weg, und nur eine Verlegung des Grenznetzes hätte den Zugang genommen. War das sepulcrum im Inneren der Grundstücksfläche angelegt, so konnten auch die entfernteren Berechtigten, etwa die Kinder der Freigelassenen des Stifters, kraft des sakralen Rechts und der Stiftungssatzung ihr Recht ausüben, solange das Grundstück in den Händen von mitberechtigten Familienmitgliedern[30]) oder in den Händen des mit der Duldungspflicht belasteten heres exterus war. Dagegen wird die Zugangsnot häufig eine Folge der Grundstücksveräußerung gewesen sein: Enthielt das Grundstück Grabanlagen, die nicht loca religiosa waren,[31]) so gingen diese ins Eigentum des Erwerbers über, wenn der Veräußerer sie sich nicht ausdrücklich vorbehalten hatte. War dagegen der Platz locus religiosus und damit in niemandes Eigentum, so erlangte der Erwerber weder Eigentum noch Begräbnisrecht. Das ius sepulcri blieb vielmehr beim bisherigen Berechtigten. Und um bei seiner Ausübung nicht einer Zugangsnot zu begegnen, pflegte der Veräußerer sich in den leges praediorum vendundorum ein Wegerecht auszubedingen[32]); eine ausdrückliche Erwähnung des Weges war dabei

[28]) Z. B.: „heres clavem dato" . . . bei Bruns a. a. O. Nr. 48.

[29]) Vgl. Schriften der röm. Feldmesser (ed. Blume-Lachmann-Rudorff), de sepulchris S. 271 f.

[30]) Das iudicium familiae erciscundae, das etwa einem der Miterben das Grundstück zusprach, nahm mit dieser adiudicatio den anderen keineswegs ihr ius sepulcri, D. 10. 2. 30.

[31]) Weil noch niemand darin begraben war oder weil sie z. B. nur gärtnerische Nebenanlagen waren.

[32]) Pomponius in Dig. 47. 12. 5; Karlowa, Röm. Rechtsgesch. II S. 500 f.

wohl nicht nötig, der ausdrückliche Vorbehalt des sepulcrum scheint dem Berechtigten die nötige Benutzung des Grundstücks gesichert zu haben.[33]) Und nur wenn das sepulcrum gar nicht erwähnt war, weil z. B. der Veräußerer als heres exterus selbst gar kein Grabrecht gehabt[34]) und die Rechte der Gentilen wahrzunehmen unterlassen hatte, lag die Zugangsnot vor. Man wird keinesfalls sagen dürfen, daß die bloße Existenz eines noch in Pflege befindlichen sepulcrum genügte, einen stillschweigenden Vorbehalt für Ausübung der Grabrechte als erfolgt anzunehmen; denn dann käme man dazu, das Verlangen nach dem iter in all solchen — und damit fast in allen vorkommenden — Fällen auf ein vertragliches Recht zu stützen. Ulpian in Dig. 11. 7. 12. pr. spricht aber ausdrücklich von den Fällen, in denen der Zugang nicht geschuldet wird. Eben diese Fälle geben einen Einräumungsanspruch, der nicht auf vertraglicher Abmachung, sondern auf der Kaiserkonstitution beruhte. —

Jeder Wegeberechtigte durfte den Weg zu Fuß und zu Pferde benutzen und genoß nach freiwilliger Einräumung oder zwangsweiser Schaffung des Weges für Benutzung und Ausbesserung desselben den privatrechtlichen Klage- und Interdiktenschutz.[35]) Außer dem iter und dem aditus wird regelmäßig auch das Recht des ambitus in Inschriften erwähnt.[36]) Dieser führt um das Grabmal herum und ist ebenso wie der aditus $2\frac{1}{2}$ Fuß breit.[37])

Was die Richtung des iter ad sep. anbelangt, so wird man annehmen müssen, daß der richterlich erzwungene Weg zum Grabmal immer in seiner Linie festgelegt wurde; denn der Richter mußte unter Berücksichtigung der lokalen und Wirtschaftsverhältnisse schonend gegen den zu belastenden Nachbar vorgehen,[38]) ebenso wie er zusehen mußte, ob nicht der iter über eines anderen Nachbars Grundstück weniger belästigend wirkte.[39]) Und wenn bei vor-

[33]) Dig. 11. 7. 10.

[34]) Vgl. z. B. die Inschrift bei Bruns a. a. O. Nr. 46 . . . „hoc monumentum heredem non sequitur."

[35]) D. 43 19. 1 pr.; 43. 19. 3. 11; divini iuris war das interdictum de mortuo inferendo et sepulcro aedificando, vgl. Lenel, ed. perp.[2] (1907) S. 441.

[36]) Vgl. die Grabinschriften bei Bruns a. a. O. S. 383 f., auch Jacobus Gutherius, de iure manium (1671) S. 483.

[37]) Übrigens scheint der ambitus auch als selbständige Wegegerechtigkeit vorgekommen zu sein. Vgl. Frontini, lib. II de controv. agrorum im Corpus agrimensorum Rom. (ed. Blume-Lachmann-Rudorff) S. 58 und Hyginus, de generibus controversarum im Corpus agrimens. Rom. (ed. Thulin) I, 1 S. 97. Es wird sich im folgenden nicht vermeiden lassen, neben der neuen Ausgabe der agrimensores von Thulin auch die ältere von Blume-Lachmann-Rudorff heranzuziehen, soweit das von beiden gebotene Material sich nicht deckt; es sollen dabei die Abkürzungen C. ag. R. (Thulin) und C. ag. R. (Lachmann) verwendet werden.

[38]) Vgl. die Schlußworte von D. 11. 7. 12. pr.

[39]) Dernburg[8] (Sokolowski) 1911 I. § 216 S. 456.

behaltenem oder freiwillig zugestandenem iter ad sepulcrum die Wegelage nicht näher bestimmt war, konnte — wie allgemein bei iter und actus — richterliche Determination durch den arbiter herbeigeführt werden.[40]) Die Zeit der Wegebenutzung wird sich unter dem Gesichtspunkt des „civiliter uti“ aus den Bedürfnissen des Totenkults und der Grabpflege ergeben haben.[41])

3. Der richterliche Eingriff im Interesse dessen, der Wegenot litt, wirkte konstitutiv. Es war also nicht so, daß die Wegegerechtigkeit durch das Vorhandensein des sepulcrum gewissermaßen schon von selbst gegeben war und das amtliche Verfahren ihre Existenz — und dabei zugleich die Höhe der Entschädigung — nur noch besonders feststellte. Denn wäre das Wegerecht von vornherein vorhanden gewesen, so wäre die in Dig. 11, 7, 12, pr. erwähnte Bitte um prekaristische Einräumung und das Fehlen jeglicher zivilen actio unverständlich. Daß Servituten, die noch nicht bestanden, durch richterliche adiudicatio begründet werden konnten, ist für die iudicia divisoria bezeugt.[42]) Bei der Schaffung des iter ad sepulcrum handelt es sich allerdings nicht um eine adiudicatio, sondern nur um einen ähnlich wirkenden, aber prozessual anders gearteten behördlichen Begründungsakt.

Beim Verfahren erscheint zweifelhaft, ob es sich um einen Richterspruch oder um einen Verwaltungsakt handelte. Koch[43]) ist der Ansicht gewesen, die Schaffung eines solchen Weges sei eine Expropriationsmaßnahme gewesen, die für eine öffentliche Sache aus öffentlichen Rücksichten erfolgte und die man sich nach dem Ausspruch der Obrigkeit eben habe gefallen lassen müssen, es habe sich gar nicht um eine extraordinaria cognitio gehandelt. Ich sehe keinen Anlaß, das Vorliegen eines prozessualen Kognitionsverfahrens zu leugnen. Formell trug der Kognitionsprozeß allerdings den Charakter eines Verwaltungsverfahrens. Seine Handhabung stand wie die der Verwaltungsmaßnahmen außerhalb des ordo iudiciorum privatorum und lag bei einer administrativ tätigen bis zum Kaiser hinaufreichenden Beamtenhierarchie. Bei der Gleichheit der Beamten und der Gleichheit der Verfahrensformen wird man nicht immer mit Sicherheit sagen können, ob ein Verwaltungsverfahren oder ein bürgerlicher Rechtsstreit sich hinter dieser Prozeßform abspielt. Rechtsstreitigkeiten bei res religiosae wurden jedenfalls regulär im ordentlichen Rechtswege ent-

[40]) D. 8. 3. 13. 1.

[41]) Vgl. Bruns a. a. O. S. 384 Nr. 48 „quotiens quumque opus erit“; anders eine bei Gutherius a. a. O. S. 484 wiedergegebene Grabinschrift, in der es heißt: ad hoc sepulcrum itum ambitum omni tempore permissum est.

[42]) Dig. 7. 1. 6. 1; 10. 2. 16. 1 u. 2; 10. 2. 22. 3.

[43]) Notwendige Servitute im Schles. Arch. f. prakt. Rechtsw. I Heft 1 S. 202 ff.

schieden.[44]) Wenn durch die Einräumung des iter ad sepulcrum eine richtige Wegegerechtigkeit oder doch etwas Analoges entstand (und das möchte ich für das röm. Recht ebenso annehmen wie beim vorbehaltenen iter), so gehört der Streit um einen solchen Weg in den Bereich des Privatrechts und seine Schaffung hätte wohl durch richterliche sententia im bürgerlichen Rechtsstreit erfolgen können. Der praeses nahm die causae cognitio vor und entschied entweder selbst oder verwies die Sache — und das wird sich bei diesen Fällen ja meistens empfohlen haben — an einen lokalen Unterbeamten als iudex datus zur endgültigen Erledigung, bei der der iudex als unterstellter Beamter den Anweisungen des praeses gemäß zu handeln hatte. Eine solche Weitergabe des Streits zur Entscheidung, bei der der obere Magistrat schon drei Viertel des Prozesses vorweggenommen hatte und dem Untergebenen nur noch die Details überließ, kann vor Diokletian nicht selten gewesen sein,[45]) da erst dieser Kaiser bestimmte, daß der Statthalter im Regelfalle selbst entscheiden und nur in Fällen wirklicher Behinderung die Sache an einen iudex pedaneus abgeben sollte.[46])

Es darf dabei aber nicht verkannt werden, daß bei jenem iter ad sepulcrum der Antragsteller keinen quellenmäßig nachweisbaren Anspruch gegen seinen Nachbar hatte, sondern auf ein Bittgesuch angewiesen war, dessen Erfüllung vom Ermessen des Beamten abhing; seine imploratio war also kein eigentliches Klagebegehren, wenn sie auch der Kognition der zur Entscheidung bürgerlicher Rechtsstreitigkeiten berufenen Organe unterlag.

Was den Charakter des auf diese Weise geschaffenen iter ad sep. betrifft, so ist er privati iuris selbst dann, wenn das sep. durch ein tatsächliches Begräbnis zum locus religiosus geworden ist.[47]) Geschützt ist das betreffende Wegerecht durch eine vindicatio servitutis,[48]) und man wird daher nicht zu weit gehen, wenn man in dem iter ad sepulcrum ein Analogon der Prädialservi-

---

[44]) Vgl. Bruns, Fontes II. S. 90 (13) De locis sacris et religiosis controversiae plurimae nascuntur, quae iure ordinario finiuntur nisi si de locorum eorum modo agitur; über die controversia de modo bei Abweichungen von der Flurkarte Weber, Röm. Agrargeschichte (1891) S. 70 ff.

[45]) Vgl. Partsch, „Die Schriftformel im röm. Provinzialprozeß S. 70 ff.

[46]) Cod. 3. 3. 2; Girard (v. Mayr), Geschichte und System des röm. Rechts S. 1170 f.

[47]) Vgl. D. 8. 1. 14. 1: Servitus itineris ad sepulcrum privati iuris manet et ideo remitti domino fundi servientis potest et adquiri etiam post religionem sepulcri haec servitus potest — und zwar wird das für den vorbehaltenen oder rechtsgeschäftlich bestellten wie für den richterlich konstituierten iter zu gelten haben.

[48]) D. 8. 5. 1.

tuten sieht.[49]) In diesem Sinne wird das sepulcrum, das monumentum als praedium dominans der Servitut angesehen.[50])

Schwieriger erscheint die Feststellung, welcher Art das Recht auf den Grabmalsweg im römischen Recht war, wenn die Einräumung des Weges nicht rechtsgeschäftlich geschuldet wurde. Gegen wen ging dies Recht? Traf den Nachbar etwa eine schuldrechtliche oder schuldrechtsähnliche Pflicht gegenüber dem in Wegnot befindlichen? Offenbar nicht; denn die Vorstellung von dieser Pflicht, die keinerlei actio entstehen ließ, könnte höchstens als ein Reflex behördlicher Eingriffsmöglichkeit auftreten. Richtiger erscheint also die Annahme, daß der Grabmalsberechtigte, dessen Zugangsnot den Nachbar nicht zu wohlwollender Duldung veranlaßte, eine Art Gestaltungsbefugnis hatte, die ihm aus sakralen Rücksichten zugestanden wurde: er ging den Richter an, der rechtsbegründend einwirken konnte — in einem Verfahren, bei dem nun der mit dem iter zu Belastende Streitpartei wurde.[51])

4. Nun ergibt sich die Frage, ob das Recht auf den iter ad sepulcrum ein außerhalb allgemeiner Grundsätze stehender Sonderfall war oder ob es vielleicht auf die durchgehende Regel schließen läßt, daß jeder, der in der Nachbarlage eines Zugangs bedurfte, z. B. zur öffentlichen Straße, Duldung seitens des Nachbars oder gar Einräumung eines festzulegenden Weges durchsetzen konnte.[52]) Diese Frage war und ist Gegenstand mannigfacher Erörterung und verschiedenartiger Beantwortung.

Daß es sich in l. 12 um einen locus religiosus handelt, hat man in verschiedener Weise für und auch gegen die Verallgemeinerung ausgenutzt. Elvers[53]) verwendet diese Tatsache zum Nachweis eines allgemeinen Notwegrechts etwa folgendermaßen: Der Notweg sei so allgemein anerkannt gewesen, daß besondere Reskripte

[49]) Karlowa, R. RG. II S. 500.

[50]) Daher die wiederkehrende Grabinschrift „huic monumento iter ... debetur"; vgl. auch Paulus in D. 8. 6. 4: „iter sepulcro debitum". Gegen den Servitutencharakter des iter ad s., falls er precario eingeräumt ist, spricht sich aus Cujarius, observ. lib. 22 cap. 37.

[51]) Girard a. a. O. S. 282 zählt die Schaffung des iter ad sep. zu den Fällen der Enteignung gegen Abfindung, wie sie ähnlich im öffentlichen Interesse bei Anlegung von Straßen und Wasserleitungen vorkommen. Ganz gewiß liegt in der richterlichen Servitutbestellung ein Fall faktischer Enteignung; darum hat man in späterer Zeit Ulpians Ausführung über den iter ad sep. herangezogen, um die Enteignung von Grundstücken für den Bau von Kirchen und Klöstern zu rechtfertigen, vgl. Elvers, Themis I S. 110 u. Note 32; auch Menzel a. a. O. S. 254, nach dessen Ansicht die ganze Angelegenheit im römischen Recht zu einem außerhalb des Zivilrechts stehenden verwaltungsrechtlichen Akt führt.

[52]) Eine solche Verallgemeinerung nahm die gemeinrechtliche Praxis vor, darüber unten.

[53]) Themis I S. 74ff., 86ff., 93ff.

über ihn gar nicht erst zu ergehen brauchten. Nur beim sepulcrum mit seinen besonderen Eigentumsverhältnissen seien eben gelegentlich Zweifel aufgetaucht, die die Kaiser zu entscheiden Veranlassung gehabt hätten. — Er geht hierbei von der Anschauung aus, daß das römische Recht allgemein den Eingriff in ein fremdes Recht gestattet habe, wenn es sich um Beseitigung eines Notstandes handelte. Der gewöhnlich aus D. 39. 3. 2. 5[54]) hergeleitete allgemeine Satz „quod tibi non officit et alteri prodest, praestare te oportere“ und die durch das ganze römische Recht sich hindurchziehenden Prinzipien der aequitas dienen dabei als Rechtfertigung.

Wenn man sich im Interesse einer Verallgemeinerung jener l. 12 darauf beruft, daß das Wort „solere“ auf geltendes Gewohnheitsrecht schließen lasse[55]) und kaiserliche Reskripte außerdem auch nur in seltenen Fällen neues Recht zu schaffen pflegten, so ist m. E. hieraus wenig zu entnehmen. Das Wort „solere“ sagt hier ja doch nur, daß bei sepulcra eine Rücksichtnahme auf den Nebenmenschen und darum eine gütliche Einräumung des Zugangsweges üblich sei. Und es ist auch nicht zutreffend, daß Reskripte selten neues Recht geschaffen, sondern gewissermaßen nur immer den im Volksbewußtsein schon anerkannten und nur durch das Gesetz noch nicht gedeckten Rechtsnormen Rechnung getragen haben. Das Reskript braucht durchaus nicht ein Gutachten über zweifelhaftes, aber doch immerhin dem Grunde nach schon geltendes Recht zu sein: Es hat oft genug dort vorgearbeitet, wo eine entsprechende bewußte Rechtsanschauung noch nicht vorhanden war.

Gibt die l. 12 cit. aus sich heraus keinen Grund zur Ausdehnung, so ist zu prüfen, ob etwa die allgemeinen Grundsätze der Wegeanlage und Wegegerichtsbarkeit einen Anhalt bieten. Und da zeigt eine Betrachtung der Feldabgrenzung, wie sehr man im römisch-italienischen Wirtschaftsleben darauf bedacht war, für die nötigen Zugänge zu sorgen. Das römische Vermessungssystem[56]) war ein starres und paßte sich dem Gelände

[54]) Hiernach darf jemand das Nachbargrundstück betreten und dort einen Dammriß ausbessern, durch den sein Grundstück überschwemmt wird.

[55]) Noodt, de usufructu, I. 8.

[56]) Als agri limitati waren regelmäßiger Vermessung durch agrimensores unterworfen die agri quaestorii, d. h. die vom Staat durch Quästoren gegen Entgelt veräußerten, die agri divisi et adsignati, d. h. die unentgeltlich den Kolonien veräußerten und die agri viritani, d. h. die unentgeltlich an einzelne Bürger gegebenen Ackerflächen, dagegen wurden die agri occupatorii, öffentliche Ländereien, die der Privatbenutzung jedes freistanden, als dem Verkehr entzogen nicht vermessen (agri arcifinales); Girard (v. Mayr) S. 309; zum Folgenden auch Weber, Röm. Agrargeschichte S. 12ff.; ferner Meitzen, Siedelungen und Agrarwesen der Westgermanen und Ostgermanen, der Kelten, Römer, Finnen und Slaven, Bd. I (1895) S. 284ff.; Beaudouin, la limitation des fonds de terre (Nouvelle Revue historique XVII 1893) S. 400ff.

nicht an. Über Gebiet, das in eine Kolonie verwandelt wurde, legten die agrimensores[57]) ein System von sich rechtwinklig schneidenden, gerade verlaufenden limites, Streifen, die je nach ihrem Range im System 5—40 Fuß breit waren. Die eine Achse des Systems war der decimanus maximus; er verlief von Osten nach Westen und war 40 Fuß breit. Die zweite Achse war der von Süden nach Norden verlaufende cardo maximus mit einer Breite von 20 Fuß. Durch parallel zu den Achsen verlaufende limites wurde das den Kolonisten anzuweisende Gebiet in 100 Doppelmorgen umfassende Quadrate, die Zenturien, geteilt. Jeder fünfte limes, l. actuarius genannt, wurde 12 Fuß, die dazwischen liegenden limites linearii, in Italien subruncivi genannt, 8 Fuß breit gemacht.[58]) Von den Himmelsrichtungen sowie von der Form und Größe der Zenturien wich man in einzelnen Kolonien ab. Innerhalb der Zenturien lagen die Grenzen der einzelnen Grundstücke; ein Grundstück konnte dabei auch in zwei Zenturien, also zu beiden Seiten eines limes belegen sein. Die Breite der limites war nicht einheitlich; maximus decimanus und cardo sollten breiter als die übrigen und für jedermann frei sein, auch die schmäleren limites aber sollten in ihrer Breite das Fahren mit einem Wagen gestatten.[59]) Auf den limites actuarii wurde dem Volke ebenfalls der Weg wie auf einer öffentlichen Straße geschuldet,[60]) während die limites linearii entweder nur den Zweck der Grenzscheidung hatten und dann nach der lex Manilila 5 Fuß breit waren oder (so in Italien) auch mit 8 Fuß Breite als öffentliche Wege dienten (sog. limites subruncivi); als Grund ihrer Öffentlichmachung ist dabei die Fortschaffbarkeit der Feldfrüchte angegeben.[61]) Als Wege kamen außer den Landgrenzen auch noch in Betracht besondere viae, die auf Staatskosten gebahnt und durch besondere Verwalter unterhalten wurden, ferner Kommunalwege, die von den öffentlichen Landstraßen zu den Ländereien führten, von den Dorfgemeinden gebahnt und von den Dorfeinwohnern oder den Wegeanliegern unterhalten wurden und gemeinschaftliche Privatwege, die von Kommunalwegen aus-

[57]) Vgl. Kuhlenbeck, „agrimensor“ in Pauly-Wissowas Real-Enzykl. sowie Mommsen, Zum römischen Bodenrecht in Hermes XXVII, 1 (1892) S. 79 ff., insb. 83 ff.

[58]) C. a. R. (Lachmann) S. 194 Z. 9—13.

[59]) Hyginus, de limitibus C. a. R. (Lachmann) S. 111 Z. 9; de condic. agr. S. 120 Z. 12.

[60]) Hyginus, de limit. constituendis C. a. R. (Lachmann) S. 168 Z. 14.

[61]) Hyginus, ebenda. Darüber, daß das lineare Netz der Mensoren gerade in erster Linie als Wegenetz gedacht und daß dies Wegenetz für die italische Fruchtwirtschaft nötig war, Meitzen a. a. O. I. S. 305 ff.; daselbst auch der Nachweis, daß solche Limitation schon vor dem Zwölftafelgesetz auf den Äckern der röm. Bürger üblich war.

gehend als Wirtschaftszugänge zu Grundstücken dienten und in deren Grenzen einschnitten.[62])

Nur in einzelnen außeritalischen Kolonien dienten die limites linearii nicht als öffentliche Wege, sondern waren private Wirtschaftswege. In der Regel jedoch waren alle limites zugleich öffentliche Wege[63]); sie mußten für Wege- und Meßzwecke stets freigehalten werden.[64]) Gingen limites infolge der Art des Absteckungsverfahrens durch hügelige und unebene Flächen, so mußte der Anlieger, dessen Wald den limes sperrte, den Umweg über sein Land dulden, „cum itineri limitem aut locum limitis debeat".[65]) Stieß ein limes auf ein Gebäude, so mußte derjenige, dem das Gebäude gehörte, dem Volk über sein Land einen geeigneten Weg geben[66]); war hierbei der Weg um das ganze Gehöft zu weit oder zu unbequem, so mußte der Besitzer des Landhauses den Weg durch das Gehöft benutzen lassen.[67]) Wegen ihrer Eigenschaft als öffentliche Wege durfte man die limites nicht verzäunen, keinen Bau darauf errichten, sie nicht ackern.[68])

Alle diese Dinge ergeben, daß man durch das Grenzsystem ausgiebig für Verkehrs- und Wirtschaftswege sorgte und, wo diese in ihrer Benutzbarkeit beeinträchtigt waren, bedenkenlos die Anlieger mit Duldungspflichten belastete.[69]) Es fragt sich nur, ob auch dann, wenn ein Feldstück — etwa infolge von Landveräußerung — weder auf den limites noch auf besonderen Kommunal- oder gemeinschaftlichen Wegen erreicht werden konnte, also ganz zugangslos war, im Rahmen dieser kolonisatorischen Wegefürsorge die Schaffung eines Notweges verlangt werden konnte. Bedeutungsvoll ist hier eine Äußerung des agrimensor Siculus Flaccus[70]):

„ad omnes autem agros semper iter liberum est. nam aliquando deficientibus vicinalibus viis per agros alienos iter praestatur. quidam etiam conveniunt specialiter uti servitutem

[62]) Vgl. Hyginus, de controversiis agrorum C. a. R. (Lachmann) S. 145 Z. 19. Siculus Flaccus, de condicionibus, C. a. R. (Thulin) S. 109 ff., Dig. 43. 8. 2. 22, Festus v° „viae" bei Bruns II S. 45.

[63]) Vgl Frontinus, de controversiis, C. a. R. (Thulin) S. 10: „omnes enim limites secundum legem colonicam itineri publico servire debent."

[64]) Siculus Flaccus, de condicionibus agrorum C. a. R. (Thulin) S. 117.

[65]) Frontinus a. a. O. S. 10. Vgl. Mommsen, Zum römischen Bodenrecht S. 117.

[66]) Hyginus, de condicionibus C. a. R. (Lachmann) S. 121.

[67]) Hyginus, de controversiis, ebenda S. 158.

[68]) Liber coloniarum C. a. R. (Lachmann) S. 263.

[69]) Inwieweit dabei im einzelnen die Form des Privateigentums am Boden voll anerkannt war, soll hier außer Betracht bleiben. Vgl. darüber Rabel a. a. O. S. 432, 434 und insbesondere Beaudouin, La limitation des fonds de terre dans ses rapports avec la propiété, in Nouvelle Revue historique XVII (1893) S. 397 ff., 567 ff.; XVIII (1894) S. 157 ff., 309 ff.

[70]) de controversiis agrorum in C. a. R. (Thulin) S. 110.

praestent his agris, ad quos necesse habent transmittere per suum.[71]) nam et his verbis comprehenditur »ita ut optimus maximusque est«. nam et aquarum ductus solent per alienos agros iure transmittere. itaque, ut diximus, viae saepe necessario per alienos agros transeunt; quae non universo populo itinera praestari videntur, sed eis, ad quorum agros per eas vias pervenire necesse est.“ [72])

Diese Stelle scheint, vorausgesetzt, daß man die unzweideutige Lesart Thulins billigt, zu sagen: wenn durch Parzellenverkauf das Kaufgrundstück vom Wegesystem abgeschnitten ist, wird der Käufer meistens auf Grund besonderer Abmachung, die auch in der Zusicherung, daß es ein fundus optimus maximusque sei, enthalten ist, vom Resteigentümer Einräumung eines Wirtschaftsweges verlangen können; aber auch ohne solche rechtsgeschäftlichen Befugnisse kann der in Wegenot Befindliche behördliche Einräumung eines Privatweges über fremdes Land verlangen gemäß dem Grundsatz, daß zu allen Feldflächen ein freier Wirtschaftszugang vorhanden sein muß.[73])

War es beim iter ad sepulcrum eine Rücksichtnahme sakraler Natur, die zur Belastung des Nachbars führte, so ist es hier die Rücksichtnahme auf die Wirtschaftsbedürfnisse. Die Tätigkeit der römischen agrimensores setzte schon früh ein, die Schriften des Frontinus, Hygienus, Siculus Flaccus stammen aus dem ersten Jahrhundert nach Chr.[74]) Es ist also möglich, daß man bei der Verschaffung des iter ad sepulcrum sich auf diese Anlage nötiger Wirtschaftswege zu italischen Grundstücken berufen konnte. Allerdings bleibt für den Grabmalsweg die Besonderheit, daß seine Durchsetzung sich allem Anschein nach, wie schon oben ausgeführt, im Rahmen des bürgerlichen Rechtsstreits, wenn auch in den besonderen verwaltungsrechtsartigen Formen des Kognitionsverfahrens abspielte, während die Schaffung landwirtschaftlicher Notwege offenbar ein rein administrativer Akt war.

Ob durch eine solche Schaffung des neuen Privatweges eine servitutsähnliche Beziehung zwischen den Nachbarn geschaffen wurde

---

[71]) Bei Hyginus, de controv. agr. in C. a. R. (Lachmann) S. 146: statt „quidam“ „quae“, statt „specialiter“ „praecario“ und am Schluß des Satzes „pervium“ statt „per suum“.

[72]) Zu dieser Stelle: Noodt, opera omnia (1726) S. 411; Koch a. a. O. S. 203 f., 216 f.; Hesse, Rechtsverh. zwischen Grundstücksnachbarn S. 546 f. Die Schrift des Siculus Flaccus bezieht sich auf die italischen Zustände, wie ihre Eingangsworte ergeben.

[73]) Zu beachten ist dabei aber, daß diese Worte des Siculus Flaccus durchaus nicht das Bestehen eines Privatrechts auf den Weg von Nachbar zu Nachbar beweise; sicher ist nur, daß die administrative Wegefürsorge dem Bedürfnis nach einem Notweg abzuhelfen bestrebt war.

[74]) Vgl. Teuffel, Geschichte der röm. Literatur, 3. Aufl. (1875) Nr. 327 u. 344 [1] u. [6].

und eine Entschädigung gezahlt werden mußte, läßt sich nicht genau sagen; für die Entschädigungspflicht spricht der Umstand, daß der solchermaßen geschaffene Weg nicht der Allgemeinheit, sondern nur dem Bedrängten zu dienen bestimmt war, gegen sie spricht die Erwägung, daß es sich um administrative Erweiterung des ganzen Wegesystems handelte.

Berücksichtigt man die Tatsache, daß sich diese Entwickelung nicht auf dem Stadtboden, sondern in Italien und in den Provinzen vollzogen hat, so wird man annehmen dürfen, daß der Gedanke des unbeschränkten Individualeigentums auch im Interesse eines befriedigenden Grenz- und Wegesystems Einengungen erlitt — insbesondere da, wo das arbiträre Verwaltungsverfahren mehr im Vordergrund stand als die richterliche Handhabung eines begrifflich fertigen Privatrechts.

Unter Zusammenfassung der Ergebnisse könnte also festgestellt werden: Ein allgemeines Nachbarrecht auf den Notweg lag weder im besonderen Eigentumsinhalt, noch gehörte es zu den einzelnen früh ausgebildeten gesetzlichen Eigentumsbeschränkungen. Im landwirtschaftlichen Besiedelungswesen herrschte vermutlich die Praxis, daß Zugangsnot durch administrative Zubilligung eines Hilfsweges beseitigt wurde, ohne daß jedoch dadurch ein Recht auf den Notweg von Nachbar zu Nachbar gegeben war. Ein privatrechtlicher, allerdings durch sakrale Rücksichten geförderter Sonderfall der Notwegeinräumung ist die Schaffung des iter ad sepulcrum. Auch sie ruht nicht auf einem Recht von Nachbar zu Nachbar, sondern bedarf eines besonderen behördlichen Ausspruchs; dieser erfolgt extra ordinem in einer dem Verwaltungsverfahren entlehnten Form des bürgerl. Prozeßverfahrens.

Ein Vergleich mit dem griechischen Recht[75]) zeigt eine weitgehende Übereinstimmung. Sogen. Legalservituten gab es reichlich; über den Abstand gewisser Anlagen (Anpflanzungen, Bauten) von der Nachbargrenze finden sich schon in solonischer Zeit eingehende Bestimmungen. Das Recht zum Betreten fremder Grundstücke kam in mehreren Fällen vor: wer auf seinem Grundstück kein Wasser fand, konnte den Brunnen des Nachbars benutzen oder über fremde Grundstücke Wasser auf das seinige leiten (kraft obrigkeitlicher Gestattung gegen Entrichtung einer Entschädigung); der Leichenzug sollte auf den öffentlichen Wegen gehen und nicht auf Privatwegen, in Ermangelung eines öffentlichen Weges durfte

[75]) Hierzu Thalheim, Griechische Rechtsaltertümer, bei Hermann, Lehrbuch d. griech. Antiquitäten II, 1. 4. Aufl. S. 57ff.; Beauchet, Histoire du droit privé de la république Athénienne, III (1897) S. 158ff.; Kohler-Ziebarth, Das Stadtrecht von Gortyn (1912) S. 35, 73, 119f.

der Zug aber auch fremden Grund und Boden betreten und der Eigentümer mußte es bei Strafandrohung dulden. Zu einem Grab oder einem sonstigen Heiligtum wurde bei Veräußerungen oder Verpachtungen des umliegenden Bodens ein Weg gewöhnlich vorbehalten, ebenso sollten bei Grundstücksteilungen die behördlichen Organe darauf bedacht sein, die Wege zu res sacrae, zu Wasserschöpfstellen, Gebäuden und Gräbern zu reservieren, damit diese nicht ganz abgeschlossen im fremden Grundstück lägen.[76])

War ein Weg zum Grabmal bei Grundstücksverkäufen nicht vorbehalten worden, so gab die Pflicht der Totenopfer an den dafür bestimmten Tagen den Grabmalsberechtigten dennoch die Befugnis, über das fremde Grundstück zum Grab zu gehen. Eine allmähliche Verallgemeinerung dieses singulären Falles führte dann schlechthin zum Recht auf den Notweg: für Erntezwecke wurde das Betreten fremder Grundstücke zulässig, vorausgesetzt, daß dabei kein Schade angerichtet wurde oder daß doch der Vorteil für den Berechtigten erheblich größer war als der etwaige Schaden für den Beschwerten; für eine auf diese Weise begründete Servitut mußte auf Grund sachverständiger Abschätzung Entschädigung geleistet werden; die Verurteilung zur Zahlung erfolgte hierbei in Bagatellsachen durch die Abschätzer, sonst durch das Tribunal.[77])

B. Wegenot und Wegeeinräumung im deutschen mittelalterlichen Recht.

1. Die regelmäßige Freiheit und Absolutheit des **Grundeigentums** als etwas begrifflich Wesentliches zu betonen, dafür bot das deutsche Rechts- und Wirtschaftsleben keinen inneren Grund. Das Grundeigentum nahm öffentliche Pflichten in sich auf, die seine Entwickelung zum reinen Privatrecht hinderten und auf dem späteren reinen Privatrecht als öffentlichrechtliche Beschränkungen haften blieben. Das Einzeleigentum am Grundstück entwickelte sich aus dem genossenschaftlichen Gesamtrecht am Wirtschaftsboden und diese Vergangenheit wirkte im Sinne kommunistischer Gebundenheit und Beschränkung nach. Der Eigentumsbegriff und der normale Eigentumsinhalt trugen Schranken in sich, bargen Pflichten gegen die Familie, gegen die Nachbarn,

[76]) So im Recht von Ephesus (64 v. Chr.); vgl. **Beauchet** a. a. O. S. 169 Anm 4.

[77]) **Beauchet** a. a. O. S. 168 ff. hält diese allgemeine Notwegservitut wenigstens im attischen Recht für unbestreitbar. Er stützt seine Ausführungen auf eine Darstellung Platos in seinen *νόμοι*, die trotz des möglichen Subjektivismus nach Beauchets (S. 169) Ansicht durch die positive attische Gesetzgebung maßgebend beeinflußt worden ist.

gegen die Allgemeinheit. Das Grundeigentum stand unter seiner Zweckbestimmung und war „nicht zum Mißbrauch, sondern zum rechten Gebrauch verliehen“.[1]) Ebenso wie es nicht schikanös ausgeübt werden durfte, mußte es Einengungen ertragen, wenn Notlage oder wirtschaftliches Bedürfnis anderer Genossen dies erforderten. Das Individualrecht war eben aus dem Gesamtrecht entstanden, und den Zwecken und den Anordnungen der Gesamtheit blieb es untergeordnet. Noch gesteigert war diese Gebundenheit in den Hofmarken, wo zu der Rücksichtnahme auf die markgenossenschaftlichen Rechte der Allgemeinheit die Beschränkung durch herrschaftliche Rechte trat.[2])

Dieser Natur gemäß konnte sich das Grundeigentum gegen eine plötzliche Notlage des Genossen nicht abschließen, wenn ihre Behebung dem Eigentümer nur geringfügigen Schaden brachte. Man denke an den Abholungsanspruch, an das Bienenverfolgungsrecht,[3]) an das Jagdfolgerecht.[4]) Aber nicht nur vorübergehende, sondern namentlich dauernde fremde Interessen konnten die konkreten Grenzen des Eigentumsinhalts beeinflussen.

Gerade die in der nachbarlichen Gemeinschaft begründeten Eigentumsverengerungen traten im deutschen Recht in großer Zahl auf, und die Unterordnung des Individualrechts unter genossenschaftliche Zwecke führte dazu, daß die mannigfachsten Rechte und Pflichten zwischen den Nachbarn mit in den Inhalt des Grundeigentums aufgenommen werden konnten und damit für die Bestellung besonderer Servituten eine viel engere Bedürfnisgrundlage gegeben war als etwa im römischen Recht.[5]) Jene sogenannten Eigentumsbeschränkungen waren kein Minus bei einem feststehenden Begriff — ebensowenig wie die entsprechenden Rechte des Nachbars ein Plus waren —, sondern es waren rein organische Fortwirkungen der ehemaligen Gesamtberechtigung; sie konnten bei diesem historischen Fundament auch kaum als Beschränkungen empfunden werden, zumal sie auf Gegenseitigkeit beruhten. Trotzdem greift man nicht fehl, wenn man von „Eigentumsbeschränkungen“ spricht, obwohl es sich aus dem Gesichtswinkel des besonders gearteten deutschen Grundeigentumsinhalts um gesetzliche Eigentumsbestandteile handelt. Denn wenn man zum Zweck der Systematisierung von einem reinen Eigentumsbegriff ausgeht, ist eben die Einspannung des Grundeigens in den Kreis genossenschaftlicher Interessen begrifflich eine Beschränkung dieses Eigentums.

[1]) Gierke, Deutsches Privatrecht II S. 358.

[2]) Gierke, Das deutsche Genossenschaftsrecht II S. 218.

[3]) l. Baiuw. 21, 8; Schwabensp. 365.

[4]) Ssp. II. 61 § 4 und die bei Stobbe-Lehmann, Deutsches Privatrecht S. 581 Anm. 52 Zitierten.

[5]) Vgl. Naendrup, Zur Geschichte deutscher Grunddienstbarkeiten (1900) S. 15ff.

Nicht dagegen sind die Einzelfolgen solcher Einspannung begrifflich etwa Dienstbarkeiten, namentlich eben dann nicht, wenn durch die Gegenseitigkeit ein tatsächlicher und rechtlicher Ausgleich geschaffen ist. Doch ist zu beachten, daß natürlich das Prinzip genossenschaftlicher Zusammenfassung nötigenfalls auch über die Bedenken gegen die obrigkeitliche, ausnahmsweise Schaffung einer konkreten, rein einseitigen, selbständigen Servitut hinwegtragen konnte.

Nachbarrechtliche Beschränkungen, die zu einem Unterlassen zwangen, ergaben sich z. B. aus dem Lichtrecht und aus der Pflicht bei Bauten, Baumpflanzungen und gewissen lästigen Anlagen einen bestimmten Abstand von der Grenze einzuhalten; eine Duldungspflicht gab es früh bei unerheblichen Immissionen und — korrespondierend mit einem Recht des Nachbars, das fremde Grundstück zu benutzen — z. B. beim Leiterrecht und beim Anwenderecht.[6] Gerade dieses letztere war eine Folge der Tatsache, daß bei der Art der mittelalterlichen Flurverteilung eine ordnungsmäßige Beackerung ohne gelegentliches Betreten des Nachbarlandes gar nicht möglich war. Und den gleichen Grund hatte die allgemeine Pflicht der Grundeigner den Markgenossen zu Wirtschaftszwecken Weg und Steg über ihr Land zu geben. Ob darin ein Notwegrecht im eigentlichen Sinne zu erblicken ist oder ob und wie ein solches sich aus diesen Wirtschafts- und Rechtszuständen späterhin entwickelt hat, ist auf der Grundlage des deutschen Wirtschafts-, Grenz- und Wegesystems zu untersuchen.

2. **Das Sonderrecht des Genossen an der Feldmark** führte kein selbständiges Dasein, es diente den anderen und damit dem Ganzen und war auf diese Art **in ein Netz von Verpflichtungen und Berechtigungen verwoben**. Wie der Eigentümer eines Hauses sich die Kontrolle der Gesamtheit bezüglich der Instandhaltung seiner Baulichkeiten gefallen lassen mußte, so konnte der Inhaber eines Ackerstückes dieses gegen den Gemeingebrauch, wenn ein solcher nötig wurde, nicht abschließen; der Grundsatz der Gegenseitigkeit glich, wie schon gesagt, diese Belastung durch die Gewährung entsprechender Befugnisse wieder aus.

Die regelmäßige agrarische Landinhabung war der Streubesitz in der durch die Ackereinteilung und Ackerverlosung geschaffenen Gemengelage. Die ideelle Anteilseinheit des Einzelnen am genossenschaftlichen Gesamtrecht war die Hufe. Es galt Dreifelderwirtschaft unter Flurzwang. Als die seßhaft gewordenen Sippen ihr Wirtschaftsland zugeteilt bekamen, wurden sie zu Verbänden, die persönlich nicht mehr durch die Verwandtschaft, sondern durch die Nachbarschaft und sachlich durch die Mark, das gemeinsame Land verbunden waren. Der territoriale Niederschlag der Sippe war

---

[6] Über die Nachbarrechte im einzelnen vgl. **Gierke**, Deutsches Privatrecht II. S. 417ff.

die Dorfschaft, ihr wirtschaftlicher die Markgenossenschaft geworden. Zweck der Markgenossenschaft war die Förderung der wirtschaftlichen Lage der Genossenschaft und damit zugleich der Lage des einzelnen Genossen. Die Gemeinschaft aller stand im Vordergrund als Rechts- und Kulturträgerin; der Einzelne lebte von ihrer Existenz, er hatte Rechte überhaupt nur kraft seiner Zugehörigkeit zum Ganzen; und er hatte sich in seinen Bewegungen den Dispositionen des Ganzen streng unterzuordnen. Den Genossen in ihrer Gesamtheit gehörte die Feldmark, und als späterhin mit der Ausbildung des Sondereigentums an Haus und Hof und dann auch am Ackerland das gemeinsame Gebiet sich verkleinerte und sich schließlich nur noch auf die sogen. Almende beschränkte, blieb doch jene Vorstellung lebenskräftig, daß die einzelnen Genossen gewissermaßen nur eine Art abgeleiteten Eigentums hätten und die Genossenschaft nach wie vor Verfügungen über das Einzeleigen zu treffen in der Lage sei. [7])

Die agrarische Gemengelage bei Dorfsiedelungen verursachte den einzelnen Genossen Schwierigkeiten, zu ihren in der Feldmark gänzlich verstreuten Ackerstücken zu gelangen. Infolge primitiver Messungsmethoden und mangels einer Bonitierungskunst [8]) fiel die Landverteilung schematisch aus; ein zweckmäßiges Wegenetz fehlte. Im römischen Wirtschaftsleben konnte die planmäßige Wegeanlage die Wahrung der Eigentumsrechte unterstützen, in der deutschen Agrarverfassung mußte das Fehlen fester Wirtschaftswege zur vorübergehenden Benutzung fremden Ackerlandes führen; man könnte auch umgekehrt sagen: die durch das Gesamtrecht bis zu einem gewissen Maße gewährleistete Benutzbarkeit fremden Ackerlandes machte die Anlage eines Netzes von Wirtschaftswegen überflüssig.

Die Grenze kam als Weg durchaus nicht in dem Maße in Frage wie bei den römisch-italischen Ansiedelungen. Durch deutlich sichtbare Grenzen mag man frühzeitig die einzelnen Marken voneinander geschieden haben,[9]) dagegen war für eine feste Abgrenzung der Besitzstücke innerhalb der Feldmark äußerst wenig gesorgt; Raine oder gesetzte Grenzsteine waren hier zunächst nicht üblich, die Äcker der verschiedenen Gewanne stießen oft unmittelbar aneinander.[10]) Trotz der häufigen Neuverteilungen und Neu-

---

[7]) Gierke, Gen.R. II. S. 212ff.; Heusler, Institutionen des deutschen Privatrechts II S. 262ff.

[8]) Naendrup a. a. O. S. 22.

[9]) v. Amira, Grundriß des german. Rechts (aus Pauls Grundr. der germ. Philologie) 3. Aufl. (1913) S. 123f.; Brunner, Deutsche Rechtsgesch. I 2. Aufl. S. 282 Anm. 10.

[10]) Meitzen, Bd. I S. 86. Offenbar durch die röm. Höfe waren Raine und Grenzzeichen (Wälle, Steine, Malbäume) bei den Alamannen und Bajuwaren bekannt, dazu Meitzen I. S. 459; Schrader, Reallexikon der indogerm. Altertumskunde I. S. 307; in der lex Baiuw. XII

messungen, wie sie im sog. Reebningsverfahren[11]) und in den Grenzregulierungen durch Feldgeschworene[12]) vorkamen, scheint die Schaffung räumlicher Grenzen, die man zugleich als Weg und Steg hätte benutzen können, erst allmählich aufgekommen zu sein,[13]) bis sich späterhin eine Abgrenzung der Felder durch einen etwa 2 Fuß breiten Rain einbürgerte.[14]) Dieser diente dann offenbar auch Wegezwecken, da von manchen Rechten die Freihaltung der Grenze verlangt und die Anlage von Bäumen, Sträuchern, Brunnen auf der Grenze verboten wurde.[15])

Den kunstmäßigen Straßenbau lernten die Germanen von den Römern.[16]) Ein staatliches Interesse bestand zunächst an der Anlage und Instandhaltung der Heerstraßen; namentlich in karolingischer Zeit wurde der Bau dieser großen sog. Königstraßen gefördert und zu ihrer wie der Brücken Errichtung und Instandhaltung wurden Wegegelder (Zölle) erhoben.[17]) Diese Heerstraße (die spätere Chaussee) ist via publica[18]) ebenso wie die später gebauten territorialen und diözesanen Landstraßen.[19]) Die übrigen Wege dienten örtlichen Zwecken und wurden von den Markgenossenschaften angelegt und unterhalten (sog. Vizinalwege); sie waren Fahrwege, Triebwege, Flußstege, und ihre Benutzung stand Fremden nicht frei. Die Anlage der Kommunikationswege zu den Nachbargemeinden erfolgte häufig durch ein System von vier Wegen, die von der Mitte des Dorfes nach den vier Himmelsrichtungen liefen.[20]) Überall wurden auch Kirchwege

---

c. 1—4 ist bereits die Verletzung der Grenzzeichen erwähnt; über späteres Recht Ssp. II. 28. 2. Die fränkische Markensetzung behandelt eingehend Rübel, Die Franken, ihr Eroberungs- und Siedelungssystem im deutschen Volkslande (1904).

[11]) Reebningsverfahren, benannt nach dem Meß-Seil (reeb), ist Verteilung der Äcker nach ihrer gemessenen Breite in jeder Gewanne; jeder Feldinteressent konnte Erneuerung des Verfahrens verlangen; Hanssen, Agrarhistorische Abhandlungen II. S. 234 ff.

[12]) Meitzen a. a. O. I. S. 89

[13]) Über Zusammenfassung mehrerer Flurstreifen in der Dorfflur zu Verrainungen, die durch einen Rasenrain (Schiedrain) umgrenzt waren, Hanssen a. a. O. II. S. 226 f.

[14]) Meitzen a. a. O. I. S. 86, 116.

[15]) Vgl. v. Schwerin, Deutsche Rechtsgeschichte (Sonderabdruck aus Meisters Grundr. der Geschichtswissenschaft) S. 47.

[16]) Zum folgenden vgl. Gasner, Zum deutschen Straßenwesen von der ältesten Zeit bis zur Mitte des 17. Jahrhunderts (1889), passim.

[17]) Waitz, Deutsche Verfassungsgeschichte IV. 2. Aufl. S. 29 ff.

[18]) Die oft ungenaue Scheidung zwischen öffentlichen und markgenossenschaftlichen Wegen und die sehr verschiedenartigen Wegebezeichnungen lassen es aber oft zweifelhaft erscheinen, ob eine via publica gemeint ist, dazu Gasner a. a. O S. 77.

[19]) Lamprecht, Deutsches Wirtschaftsleben im Mittelalter II. S. 236.

[20]) Meitzen a. a. O. I. S. 64 f.

angelegt.[21]) Fahrwege waren nötig besonders für Getreide-, Holz-, Waren-, Viehtransporte auf weitere Entfernungen. Die Sorge für glatte Abwickelung der Naturalleistungen schuf ein erhöhtes Interesse der Grundherren an geordneten Wegen, und massenhaft sind die Belege über Fürsorge der Grundherren für Wegeanlage und Wegeunterhaltung; in den hofrechtlichen Quellen finden sich bis ins Einzelne gehende Wegweisungen aller Art; die Grundherren erlangten auch die Wegegerichtsbarkeit und lösten darin die Markgenossenschaft in ihren Funktionen ganz oder doch teilweise ab.[22]) Das Interesse an der Zollerhebung und an der Förderung des Marktbesuchs brachte dann die ergänzende und später die eigentlich leitende Wegebautätigkeit und Wegepolizei der Grafen und später der Territorialherren.[23]) Dem Interesse der Zollerhebung diente der Straßenzwang unter Verbietung der Benutzung aller Beiwege[24]); der ungehinderte Verkehr wurde namentlich durch Strafen für Wegesperre, Wegelagerung, Wegwehren gesichert; diese Strafen bezogen sich zunächst auf die Beeinträchtigung der viae publicae.[25]) Die Wege standen in ihrer Unverletzlichkeit unter Volksrecht und wurden früh mit Grenzsteinen besetzt.[26]) Da Wege und Parzellengrenzen nicht gleichzeitig entstanden, fielen sie selten zusammen, man hat im Gegenteil bei der Anlage der Kommunikationswege sehr wenig Rücksicht auf die Einteilung des Grundeigentums genommen, und so durchschnitten sie oft die Ackerstücke auf das ungünstigste[27]); daraus erklärt sich das Bestreben der Anlieger, die Wege zu verzäunen, sie einzupflügen oder auf das Nachbargrundstück zu schieben.[28]) Und dies Bestreben wird auch der Ausbildung feststehender markgenossenschaftlicher Wirtschaftswege entgegengewirkt haben,[29]) da gerade diese Wege ursprünglich nicht festgelegt waren und alljährlich umgepflügt wurden.

---

21) Die lex Baiuw. X. 19—21. unterscheidet 4 Wegearten: via publica, via equalis oder legitima (beides öffentl. Straßen), via convicinalis vel pastoralis und via semita convicinalis (beides markgenossenschaftliche, später Gemeindewege); vgl. auch Lamprecht a. a. O.

22) Gasner a. a. O. S. 66 ff. Daselbst S. 95 ff. zahlreiche Belege über Anlage, Verbreiterung und Rektifikation der Wege.

23) Meitzen II. S. 537.

24) Gasner a. a. O. S. 75 f.

25) l. Sal. XXXI; lex Baiuw. X. 19—21; l. Burg. XXVII. 3; l. Visig. VIII. 4. 24, 25, 29 (für Flußschiffahrtsweg).

26) Gasner a. a. O. S. 56, 85 ff.

27) Meitzen a. a. O. I. S. 63.

28) lex Rom. Burg. XVII. 1; Meitzen a. a. O. I. S. 65, III. S. 313; Gasner S. 88 ff.; als Folge tritt immer Ersatz und Strafe ein; verboten war übrigens ebenso wie das Schließen rechter auch das Öffnen unrechter Wege; vgl. Grimm, Weistümer IV S. 587 Nr. 6 (Hofrecht).

29) Wie z. B. das zit. (Grimm IV. 587) Weistum von Liebenscheid (16. Jh.) zeigt.

Die in den Quellen häufig bezeugten Wegeverkäufe, die umständliche Wegeaufzählung in den Weistümern,[30]) die Aufzählung der Wegeberechtigten, die Maßnahmen gegen die Wegsperre lassen einen Schluß auf die Beschränktheit des angebauten Wegenetzes zu.[31]) Dieser Mangel an Wegeverbindungen für den Wirtschaftsbetrieb begründete die Notwendigkeit des sog. Flurzwangs; er hätte aus diesem Grunde eingeführt werden müssen, wenn er nicht schon mit der Idee der ganzen Wirtschaftsanlage vorhanden gewesen wäre. Durch ihn war im alten germanischen Landbau, solange man im wesentlichen nur Getreidebau und Feldgraswirtschaft betrieb, die Zugänglichkeit innerhalb der im Gemenge liegenden Felder durch Überfahrtsrechte der Dorfgenossen gegeben.[32]) Man schuf unter der Aufsicht markgenossenschaftlicher Flurorgane transitorische Wege über unbeackertes Land, die von Jahr zu Jahr wieder eingeackert wurden; der Flurzwang gab kein festes Wegenetz, sondern gegenseitige genossenschaftliche Wegegerechtsame, die örtlich nicht durchaus fixiert waren und deren ständige Ausübung allmählich zum Entstehen herkömmlicher, deren Unzuträglichkeiten andrerseits schließlich zum planmäßigen Festlegen bestimmter Wirtschaftswege führte.

3. Der durch Organe der Genossenschaft ausgeübte Flurzwang[33]) band den Ackerbautreibenden an die genossenschaftliche Ordnung. Die germanische Landverteilung bei Dorfsiedelungen brachte es mit sich, daß im Interesse vernünftiger Ausnutzung des Grundeigens die jeweilige Art der Bewirtschaftung nicht in das Belieben des Einzelnen gestellt war. Die Genossenschaft stellte den Wirtschaftsplan fest kraft ihrer die Einzelrechte regulierenden Befugnisse. Wie sie unbebautes Land einziehen, wie sie erblose Hufen an sich nehmen und gegebenenfalls eine Neuordnung der Hufenverteilung vornehmen konnte, so durfte sie die Art der Bewirtschaftung für die einzelnen Wirtschaftsfelder von Jahr zu Jahr bindend festsetzen. Uralter Brauch und ergänzende oder abändernde Gemeindebeschlüsse waren somit die Grundlage des agrarischen Betriebes. Die Gemengelage machte eben Beschränkungen notwendig, die juristisch im Gesamtrecht wurzelten. Und diese Äußerungen des Flurzwangs wirkten fort auch nach der Ausbildung des Sondereigentums am Ackerland.

---

[30]) Diese wird noch weiter unten zu behandeln sein; vgl. auch die Belege bei Gasner a. a. O. S. 93ff.

[31]) Auf die auffallende Knappheit an eigentlichen fixierten Feldwegen weist auch Hanssen a. a. O. II. S. 243 hin.

[32]) Meitzen a. a. O. I. S. 305.

[33]) Über seine wirtschaftliche Notwendigkeit und seine rechtlichen Grundlagen vgl. Hanssen a. a. O. I. S. 160; II. S. 242; Gierke, Genossenschaftsrecht II. S. 217.

Der Streubesitz forderte die gegenseitigen **Zugangsberechtigungen** und die Genossenschaft half durch die Auflegung von Wegelasten.[34]) Die Anordnung gleichartiger Bewirtschaftung der einzelnen Teilstücke, gleichzeitiger Beackerung und Aberntung konnten diesen Lasten alles Drückende nehmen. Ernteten z. B. in einem Flurstück alle Teileigner zu gleicher Zeit, so konnte die Einbringung der Ernte über die Grundflächen der Nachbarn erfolgen, ohne daß dabei ein Schaden angerichtet wurde. Jedenfalls hatte sich frühzeitig der allgemeine nachbarrechtliche Satz entwickelt, daß die Genossen einander „Weg und Steg geben" mußten. Die Benutzung sollte zu geeigneter, meist von der Gemeinde oder den Grundherren genau festgesetzter Zeit erfolgen und überhaupt möglichst unschädlich sein. Von den vielen meistens hofrechtlichen Quellenbelegen seien einige typische angeführt:

Rechte von Cappel (15. Jh.)[35]): Item inn der ern, und ime houwet, und im hanffluchet, so mag einer wol uber ein leren acker varen.

Dreieicher Wildbann (14. Jh.)[36]): Auch ist gedeilet, das eyn iglicher mercker mag off den andern faren...

Öffnung von Sommeri (15. Jh.)[37]):

Item zuo winterzit, so winterban ist, sol menglich den andern über sölich ban uszer den hölzern über die velder holz füren lauszen ôn hindernis, doch ôn groszen schaden.

Öffnung derer im Ober- und Nieder-Rindal (15. Jh.)[38]):

Item es soll ouch jedermann dem andern Steg und Weg geben zu seinen Gütern nach nothdurft und zu zeiten so das billig und landläufig ist.

Hofrecht von Basserstorff (1900)[39]): Es sol ein guot dem andern steg und weg geben mit dem aller minst schaden.

Das Betreten und Befahren unbebauten sowie gefrorenen oder mit tiefem Schnee bedeckten Landes war also offenbar allen Genossen im Bedürfnisfall gestattet und machte nicht schadens-

---

[34]) Hanssen II. S. 251ff.; Gierke, Genossenschaftsrecht II. S. 217; Meitzen a. a. O. I. S. 62.

[35]) Grimm, Weistümer I. S. 419.

[36]) Ebenda S. 502; Österr. W. I. S. 154 Z. 18.

[37]) Grimm V. S. 124 § 31; ebenso Öffnung von Niederbüren (15. Jh.) bei Grimm I. S. 220; ähnlich in der Öffnung von Töß (16. Jh.) bei Grimm I. S. 132, wonach der Schlittweg über fremde Felder mit Karren, insbesondere zur Holzabfuhr, benutzt werden darf. Aus St. Gallischen Öffnungen und Landrechten bringt Moser, Das St. Gallische Nachbarrecht (1898) S. 55ff. zahlreiche Belege dafür, daß der Grundeigentümer in bestimmter Zeit bei gefrorenem Boden den Nachbarn freie Winterbahn geben mußte; vgl. auch Österr. W. I. 154; 40.

[38]) Bei Moser a. a. O. S. 51.

[39]) Grimm IV. S. 286 Nr. 34.

ersatzpflichtig.[40]) Durch ungleichartigen Getreideanbau oder wenn ein Nachbar notgedrungen früher ernten mußte, konnte aber auch die Benutzung fremden bebauten Landes nötig werden; auch diese war — allerdings nicht uneingeschränkt — gestattet:

Ehaftrecht von Peitnigau (15. Jh.)[41]): Item wo einer ein ackher hat hinter dem andern, der mag darüber wol farn und auf seinen ackher tungen oder darauf angewanten acht tag nach sant Jörgen tag: pit er aber lenger, so mag er yms wol wergen. Wenn er aber sneit und dieser nit geschnidten hat, so soll er ein weg über den ackher schneiden, und mag dasselb korn zusammen pinden oder legen; und will er es ienem haimfüren, das mag er wol thun. Will er sein aber nicht tun, so soll er es ienem sagen, daß er sein korn haim füer.

Öffnung von Töß (16. Jh.)[42]): Item der akeren halb, so kornn haber oder ander früecht tragent, sond die dorfvierer zu der zit der ernn besichtigen, und wie die noturft vordert das schniden, bis uff homlichs zit, verbieten oder erloben.

Ob aber einer eins ofenbachs noturftig were, den mag er schniden, wo er aber nüt ab im selbs an die straß komen, sol er das kornn dar ab tragen, und über sinen nachpuren, der im zu erlobter zit ze geben schuldig ist, mit fahren.

Österr. Weist. II S. 238 § 46[43]): Wer und wann ainer ain zeitig korn auf seinen äckern hat, und mit demselben korn will farn, und aber ain anderer bei denselben seinen äckern auch ain zeitig korn hat, das noch nit abgeschniten were, so soll er zu demselben geen oder ime zu wissen thuen und anzaigen, er wolle sein korn hinweg füern, das er ime raum auf desselben äckern, damit er darüber faren mig und ime kain schaden thue; thuet dann der das, ist es guot; thät er es aber nit, so hat der, der sein korn haimbfiern wolte, macht, dem andern, so er gewarnt, das korn abzuschneiden und soll ime es abschneiden und alsdann demselben haimbfiern auch schuldig sein.

Vestenrecht zu Schwelm[44]): Item, ein jedermann, die op dat sine nit kommen kan, so dat hie over sines nabers lant misten und düngen moet, sall hie alsdan einen naber bidden, dair over he faren wirt, und alsdan in einem trane mit dem düngelwagen blieven, und wann he gedahn hefft, sall he denselvigen weg wedder tho seyen met derselvigen saat als darob geseyet iß, sonder brücke.

[40]) Vgl. auch Sachsenspiegel II. 47 § 5: Ungewunnen land sve dar over veret, it ne si en geheget wese, die blift is ane wandel, und II. 27 § 4: Sve so unrechten wech sleit over gewunnen land, vor iewelk rat sal he geven enen penning, die ridene man enen halven unde solen den scaden gelden . . . Österr. Weist. VIII. 168 Z. 5.

[41]) Grimm III. S. 653 § 53.

[42]) Grimm I. S. 132.

[43]) Vgl. auch Revid. Altstädter Landr. bei Moser a. a. O. S. 52.

[44]) Grimm III. S. 30.

Landrecht der Sieben Freien[45]): Item wer sein land dungen will und hat dar kein dungweg zu, der sall klimmen auf sein achterste haus of bergfrit und socken den nechsten weg und minsten schaden, und beleggen den weg mit garben.

Der in Wegenot Befindliche konnte also in diesen Fällen sein Getreide über das bebaute Nachbarland forttragen oder nach anderen Rechten das Ausmähen eines Abfuhrweges durch das Getreide des Nachbars verlangen bzw. sich diesen Weg selbst herrichten — unter tunlichster Ausgleichung des verursachten Schadens.

Die Benutzungsrechte waren ursprünglich offenbar nicht lokalisiert, sondern das gesamte Grundstück unterlag den Wegelasten und die Fahrgeleise wurden — wie schon bemerkt — alljährlich wieder umgepflügt. Bei Wegen, die einem größeren Interessentenkreis dienten und zu einem gemeinsamen Ziel (Kirche, Friedhof, Dorfschmiede) führten, bildeten sich durch Herkommen feste Richtlinien und schließlich ständige genossenschaftliche Wegeanlagen heraus; der Verlauf dieser gemeinsamen Bedürfniswege ist in den Quellen meistens sehr genau beschrieben. Und es ist anzunehmen, daß auch bei den nachbarlichen Wirtschaftswegen allmählich eine durch die Rücksicht auf die Kürze und Bequemlichkeit des Weges bestimmte räumliche Fixierung eintrat. Aber auch die Rücksichtnahme auf den Nachbar und die Pflicht, ihn so wenig wie möglich zu schädigen, mußten bestimmend für die Wegewahl sein; so heißt es im revidierten Altstädter Landrecht[46]):

als von fahrens wegen daß Einer auff dem Seinen und auff der Straß so lang er kann und mag solle verbleiben, mag er nicht weiter so soll er den nächsten und unschädlichsten weg auf das Seine fahren ohngefährlich, es wäre denn Sach daß ein Gut gelegten Weg hab, den soll er nun fahren so weit er mag.

Und im Landtrecht des untern Ampts ist gesagt[47]):

Item wan einer ein guoth uberkämme und der ander vermeint nit weg und Steg haben Ist beredt das ieder dem andern zue Zeiten es billich ist Steg und Weg geben sollte oder das mit Recht suochen. Item Wan einer den nächsten ab der Landstraß uff das sin kommen kann So sollte einer also den nächsten ab der Landtstraß uff das sein fahren und darby bleiben. Es währe dan sach das er von alter her ander Weg von recht darzue und darin zefahren ald gohn gehabt hete.

[45]) Grimm III. S. 69 § 29, über das Offenhalten der Dungwege auch III. S. 589.

[46]) Bei Moser a. a. O. S. 52; vgl. auch ebenda S. 51 die Stelle aus dem Werdenberger Landbuch: Es soll Jeder den anderen Sommer und Winter fahren lassen zum allerunschedlichsten. Und so einer die fahrweg, Landtstrassen und Ehrweg erlangen kann, solle er dieselben wo er am nechsten kann durchzukomen, bruchen.

[47]) Bei Moser a. a. O. S. 51.

Von weiteren nachbarrechtlichen Beschränkungen, die ebenfalls Äußerungen des Flurzwangs und den Wegelasten inhaltlich nahe verwandt waren, seien erwähnt:

Das Recht, Holz beim Fällen nötigenfalls auf fremder Wiese bis zu 8 Tagen nach St. Jürgen Tag liegen zu lassen.[48])

Das Recht, beim Pflügen der Ackerstücke den Pflug mit dem Gespann an der Quergrenze auf dem Nachbarland umzuwenden (Anwende-, Tret-, Kehr- oder Pflugrecht).[49])

Das Hammerschlags- oder Leiterrecht sowie das Schaufelschlagsrecht.[50])

Die Wasserleitungsrechte, kraft deren die Hufeneigentümer aus Mühlbächen entbehrliches Wasser, das sie benötigen, auf ihre Grundstücke leiten dürfen.[51])

Das Recht dessen, der zu wenig Tränkwasser hat, sein Vieh zum nächsten und unschädlichsten Tränken auf nachbarlichen Grund zu führen.[52])

4. Diese Rechte und Pflichten waren in das System der mittelalterlichen Agrarwirtschaft hineinverwoben. Sie liefen von Genossen zu Genossen und hielten mit ihrer Gegenseitigkeit einander im Gleichgewicht; darum kann man in diesen allgemeinen Pflichten zur Wegeeinräumung keine eigentlichen Notweglasten sehen. Es fehlte ihnen die Einseitigkeit von Recht und Pflicht, und es fehlte ihnen der Charakter als Ausnahmen gegenüber dem Begriff eines freieren Eigentums; sie dienten durchgehend dem Allgemeininteresse und das Grundeigentum bestand eben nur in dem Umfange, den das Allgemeininteresse zuließ. Aber sie waren die Folge von wirtschaftlichen und rechtlichen Anschauungen, die in der Weiterentwickelung der Besitz- und Wegeverhältnisse eine sehr geeignete Grundlage für die Zulassung auch von außergewöhnlichen Notrechten und Notlasten abgeben konnten.

Für die Geltendmachung eines eigentlichen Notwegrechts war — abgesehen von den Fällen abgebauter Hofsiedelung — ein äußerer Anlaß erst dann gegeben, als die Anlage eines ausgiebigen markgenossenschaftlichen Wegesystems ihren grundsätzlichen Abschluß gefunden hatte. Da erst konnte die Zugangsnot im Einzelfalle als etwas Exzeptionelles auftreten; da erst wurden die allgemeinen Überfahrtsrechte entbehrlich, fiel die allgemeine

---

[48]) Ehaftrecht von Peitingau (15. Jh.) bei Grimm III. S. 654 § 60.

[49]) Hierüber vgl. Stobbe, Handbuch des deutschen Privatrechts 3. Aufl. (O. Lehmann) II_1. S. 334 Anm. 12; Hanssen a. a. O. II. S. 257 f., 274, 318 f.: Naendrup a. a. O. S. 29 f. Weitere Literatur bei Gierke, Deutsches Privatrecht II. S. 439 Anm. 101. Über das ähnliche St. Gallische Streckrecht Belege bei Moser a. a. O. S. 53 ff.

[50]) Vgl. dazu Gierke a. a. O. S. 440 und Anm. 102 und 103.

[51]) Grimm I. S. 540 § 19, III. S. 720, 738 § 1, IV. S. 6, V. S. 381 § 49, VI. S. 375 § 77.

[52]) Belege bei Moser a. a. O. S. 59 f.

Gegenseitigkeit der Belastungen; die Gegenseitigkeit wurde eine speziellere[53]) und namentlich wurde das am Wege gelegene Gut einseitig belastet zugunsten des vom Wege abgeschnittenen:

Öfnung von Flaach[54]): Item es sol ie ein vorder gut dem hinder wäg und stäg geben, das einer mit dem sinen dar unnd dannen komen mag zu zimlichen ziten.

Öfnung von Ueßlingen im Thurgau (15. Jh.)[55]): Item füro, was hofstetten stoßent an die straß, soll allwegen die forder der hinder hofstatt frid und weg geben.

Diese — immerhin ja noch ziemlich allgemeinen — Vorschriften mögen im spätmittelalterlichen Recht eine Aushilfe bei etwa noch vorkommender Wegenot gewesen sein, denn unmittelbar neben ihnen finden wir Belege für ein bereits vorhandenes Netz von Wegen aller Art, das aber bei dem vorherrschenden Streubesitz doch wohl nie ausgiebig genug sein konnte. Es waren — wie schon erwähnt — besonders die hofrechtlichen Anordnungen und Rechtsaufzeichnungen, die nicht nur neue Wege festlegten, sondern auch die alten durch genaue Beschreibung ihrer örtlichen Lage fixierten.[56]) Die peinlichen Aufzählungen sind begreiflich, da eben mit der allmählichen Umbildung der altgermanischen Feldgemeinschaft in eine freie Individualwirtschaft die Flurwege für diese ebenso notwendig wurden wie der Ausbau der Heerstraßen für den entwickelten Verkehr.[57]) Aufgezählt sind dabei gemeine und private Wege mit allgemeiner und mit besonderer Zweckbestimmung, einschließlich der vielen Fußstege.[58]) Genannt sind u. a. die große Landstraße (Königstraße, Heerstraße, Volkweg, Reichsstraße, Hochstraße),[59]) Frei- und Rechtwege,[60]) der Burweg, der Bauweg, der Jochweg,[61]) der Brachweg, Hut-, Tränk- und Triebwege, Dungwege, der Mühlweg, der Schmiedeweg, der Weg zum Brunnen,

[53]) Z. B. in den Verkündungen zu Loßburg (16. Jh.) bei Grimm, Weist. I. S. 394: Item Marx Kistenmacher und Jacob Schmid, haben baid macht, auffainander zufarn.

[54]) Grimm I. S. 94. Sehr häufig ist für jede einzelne abgelegene Hofstatt der rechte Weg genau benannt; vgl. z. B. Banntaiding der Herrsch. Pfannberg, Österr. W. I. S. 346 ff. und die Dorfordnungen bei Hanssen a. a. O. II.

[55]) Ebenda V. S. 116 § 6. Vgl. auch Diether r, Deutsche Rechtssprichwörter S. 84.

[56]) Vgl. z. B. Grimm IV. S. 245, 286 Anm. 1, 310, 339, 767; V. S. 95; VI. S. 216, 272 und an vielen anderen Stellen (ebenso allenthalben in den österr. Weistümern).

[57]) Vgl Gasner a. a. O. S. 91.

[58]) Bisweilen zählen die Dorfordnungen fast nur Fußstege auf; vgl. G. L. Maurer, Geschichte der Dorfverfassung in Deutschland, Bd. II S. 412 f.

[59]) Gasner S. 76 ff., hierzu und zum Folgenden Grimm, Rechtsaltert. II. S. 82; Weist. I. S. 334; III S. 28.

[60]) Österr. Weist. VI. S. 344.

[61]) Grimm, Weist. III. S. 135 § 12.

der Holzweg, der Kirchweg, der Leichweg, der Hellweg,[62]) der Notweg, der Karrenweg,[63]) der Richtelpath und auch noch zahlreiche andere markgenossenschaftliche Wirtschaftswege. Dabei wird manchmal für jeden einzelnen der zu einem gemeinsamen Ziel führenden Wege betont, daß er zu einer jeglichen Genossen Land führen solle.[64])

Insbesondere waren wohl Kirchwege und Leichenwege im Bedürfnisfall jedem Einzelnen von seinem Hause aus über Nachbargrundstücke gegeben[65]):

> Vestenrecht zu Schwelm[66]): Item, ein jedermann soll hebben einen frien weg van sinem herde bis an dat hohe altar unbespert und unbesloet und unbekümmert.

Unter dem in den Weistümern häufig genannten „Notweg" meint man bisweilen schlechthin den durch Notdurft (Hausnotdurft) vom Nachbar geforderten Weg:

> Landtaiding der fünf Stäbe im Pongau[67]): Ich frag dich des rechtens, wie ein nachbar über den andern seinen weg haben soll. Urthail: das ainer über den andern seinen Kirchweg, gehen (= gen) mihl, gehn schmidten — item im herbst mit dem krautkestl haben soll und fahren mag, wie von alter herkommen ist; ob sich aber in anderweeg ain not zuetrieg zu fahren, so soll ainer den andern darumb begrießen und mit seinem willen fahren, mit ablegung der schaden, so er thuen mecht.

Bisweilen ist aber das Wort Notweg im Sinne von Leichweg, Totenweg gebraucht; denn seine Breite soll gewöhnlich derart sein, daß ein Wagen mit einem Leichnam darauf fahren und zu jeder Seite des Wagens eine Frau unbeengt gehen kann.[68])

Die Wegebreiten waren überhaupt genau für die einzelne Wegegattung festgesetzt. Ausgegangen wurde dabei von der Breite

---

[62]) Das ist ebenfalls der Totenweg, Leichenweg (Grimm, Deutsches Wörterbuch), bisweilen kommt die Bezeichnung allerdings auch für die Heerstraße vor; vgl. Gasner S. 76.

[63]) Lamprecht a. a. O. II. S. 240 Nr. 8.

[64]) Grimm IV. S. 732 Nr. 3.

[65]) Man sieht daran, daß ebenso wie beim römischen iter ad sepulcrum religiöse Rücksichten außerordentliche Wegeberechtigungen zu begründen imstande waren.

[66]) Grimm III. S. 30; ferner III. S. 135 § 13.

[67]) Österr. Weist. I. S. 192; als Notbehelfsweg, schmalen Zugang durch fremdes Eigentum erklärt ihn auch Grimm, Wörterbuch.

[68]) Landfeste von Hattneggl bei Grimm III. S. 47 § 56: Ein nothweg soll so weit sein, daß ein man mit einem todten leichnamb hinfahre uf einem wagen oder kaaren, oder eine braut dar ein frawe gehe beneben zu beiden seiden dem rade, unbeschmitzet ihrer mantelen oder heucken; vgl. auch ebenda III. 28, 41, 68 § 24, 79; ferner Grimm, Rechtsaltertümer I S. 143 ff., II S. 82 ff. Auch in den Städten ist „Notstraße" die Straße zur Mauer und die Straße zum Kirchhof; Gengler, Deutsche Stadtrechtsaltertümer S. 80.

der Königstraße,[69]) zu der die Breite der übrigen Wege in eine bestimmte Proportion gebracht wurde[70]); wenn man nicht vorzog, den Zweck des Weges und die mögliche Benutzerzahl als entscheidend zugrunde zu legen.[71])

Übrigens konnten Wege, die nach einer Zweckbestimmung benannt waren, trotzdem auch anderen Zwecken dienen: auf der Königstraße konnte auch Heu gefahren,[72]) der Leichweg konnte auch als Feldweg benutzt werden[73]); manchmal jedoch waren bei Privatwegen die Zwecke von vornherein begrenzt, z. B.: Gras- und Heuabfuhr oder: Fahren der Leiche oder der Braut oder: Fahren nur von Hausnotdurft.[74])

In der Mehrzahl werden die erwähnten Wege eine feste Linienführung bekommen haben durch ausgefahrene Geleise oder eine festgetretene Fußbahn, deren Einpflügen nicht mehr gestattet war; immerhin aber läßt die Wegweisung in den Quellen auch bisweilen die Deutung zu, daß nur Ausgangspunkt und Endziel, allgemeine Richtlinien und etwa die zu durchfahrenden Höfe angegeben wurden und die Schaffung der Fahrbahn dann allmählich durch den Gebrauch erfolgen mochte. Dort, wo bei eingeklemmter Gewannelage und wegen des Fehlens ständiger Wirtschaftswege fremdes Dresch- und Brachland allgemein überfahren werden mußte, wurden, wie es von Jahr zu Jahr paßte, Wege über diese Äcker ausgelegt: sog. Wandelwege (wandelbare Wege).[75])

Die öffentliche Wegefürsorge beschränkte sich in den Volksrechten — wie erwähnt — meistens auf die viae publicae; die Straßenbaupflicht wurde allgemeine Untertanenlast, die aber in erster Linie auf den Anliegern ruhte.[76]) Diese Pflicht der Anstößer wurde dann auch bei gemeinsamen Privatwegen die Regel; ihre Außerachtlassung hatte zur Folge, daß man über das Land des Säumigen fahren durfte.[77])

---

[69]) Ssp. II. 59 § 3, Deutschensp. 175, Schwabensp. 221. Grimm, Weist. III. S. 79; IV. S. 732 Nr. 3; Anton, Geschichte der teutschen Landwirtschaft III. S. 551 f.; über das sogen. Lanzenrecht des Grafen Grimm, Weist. III. S. 28; IV. S. 660 § 7; Grimm, Rechtsaltertümer 69; Waitz VII. S. 420 ff.; Gasner a. a. O. S. 77.

[70]) Z. B. war der „Besuech", offenbar eine Verbindungsstraße zu anderen Gemeinden, halb so breit (6 Schuh) „ainem jeden seiner notturfft nach zu fahren, er soll auch gefreith und jedermann unverwert bleiben" (Ehaftrecht zu Wilzhut bei Grimm III. S. 681 § 8). Vgl. auch Österr. Weist. I. S. 583. 23.

[71]) Gasner S. 81 f.; Grimm I. S. 106 Nr. 41.

[72]) Grimm III. S. 68 Nr. 23.

[73]) Grimm III. S. 135 Nr. 13.

[74]) Österr. Weist. VI 346_{31}—348_{23}.

[75]) Vgl. Hanssen a. a. O. II. S. 318.

[76]) Waitz II. 2. S. 328; IV. S. 35 f.; Schroeder, Deutsche Rechtsgeschichte 5. Aufl. S. 205 f.; Moser a. a. O. S. 51 f.

[77]) Österr. Weist. IV. S. 136 Z. 35; VIII. S. 786 Z. 22; Öfnung von Anwyll (St. Gallen) bei Moser a. a. O. S. 52: . . . dann welcher

Die **Aufsicht** über die markengenossenschaftlichen Wege übte die Gesamtheit der Genossen durch ihre Organe aus. Sie handhabten den Flurzwang, sorgten also auch für die Anlegung fester Wirtschaftswege, überwachten ihre Instandhaltung, entschieden Wegestreitigkeiten, regelten das Überfahren unbebauten Landes und erwirkten, wo es nötig war, die Einräumung neuer Feldwege zugunsten aller oder einzelner Nachbarn. Solche Gemeindeorgane waren unter der obersten Autorität und Gerichtsgewalt des Märkerdings der Obermärker und die speziellen Unterbeamten der einzelnen Wirtschaftszweige.[78]) In den grundherrlichen Markgenossenschaften war die Feldwirtschaft des einzelnen Genossen durch die Befugnisse und Anordnungen des Grundherren in noch viel höherem Maße gebunden. Der Grundherr erlangte die überragende Stellung in der markgenossenschaftlichen Verfassung und war der geborene Obermärker; er regelte die landwirtschaftliche Tätigkeit der Markgenossen und ordnete die Gewerbs- und Verkehrsinteressen der Mark. Die Wirtschaft wurde großzügiger, die Landausnutzung intensiver, es entstand für den Herrn ein ganzes System von Verkehrsvorteilen und Monopolen.[79]) Gerade im Gebiet der Grundherrschaften mußten die vielen räumlichen Veränderungen, wie sie durch Zerschlagung des Sallandes, Vermehrung der Zinsgüter, Rodekulturen, Teilungen durch Erbfolge, wo kein Anerbenrecht bestand, Änderungen der Hufenordnung zwecks besserer Ausnutzung und Abrundung der Grundherrschaften häufig Wegenot zur Folge haben. Der hauptsächlichste Gehilfe der Grundherren war der Meier, der die Wirtschaftsaufsicht ausübte und unter Zuziehung der Markgenossen das Agrarwesen regelte. Nach Auflösung der Villikatsverfassung traten andere besondere Beamte an die Stelle des Meiers, oder die hofrechtlichen Markgenossenschaften erlangten wieder in weiterem Maße ihre Wirtschaftsautonomie, jedoch unter der hofgerichtlichen Unterordnung unter den Herrn. Er beaufsichtigte durch seine Beamten das Wegewesen, traf Anordnungen,

---

das nit tät ob dem durch sin gütter gefaren und darin gebrochen wurd der müßt den schaden han . . .; ist die Straße durch höhere Gewalt zerstört, so hilft die ganze Gemeinde bei der Wiederherstellung.

[78]) Schroeder, Deutsche Rechtsgeschichte S. 434 ff.; vgl. z. B. Dorfeinung zu Sechtenhausen bei Grimm VI. S. 219 § 3: Zum dritten so sollen die vierer (markgenossenschaftlich-hofrechtliche Geschworene als Gericht in Feldangelegenheiten) macht haben zu einer ieden zeit, was die notturft allenthalben im veld erhaischt und erfordert zu verbieten . . . § 4: Zum vierten der lucken (Durchgänge) halben, so soll es auch bei den untergängern stan, wo sie lucken sprechen, soll es bleiben und mögen auch wol alte leut darumben verhören. — Darüber, wie die Gemeinde in Dorfordnungen über die Art der Feldbestellung, Wegebenutzung, Wegemitbenutzung u. a. genaue Bestimmungen gab, vgl. Hanssen II. S. 86. 132. 174 176.

[79]) Lamprecht, Deutsches Wirtschaftsleben im Mittelalter I. 2. S. 991 ff.; II. S. 271 f.; v. Inama-Sternegg, Deutsche Wirtschaftsgeschichte in den letzten Jahrhunderten des Mittelalters I. S. 273. 295.

zog Abgaben und Strafgelder ein und sprach selbst oder durch seinen Vertreter Recht im Wegestreit[80]); die Markgenossen erhielten einen Teil der Bußen, wurden ganz oder teilweise mit der lokalen Aufsicht über Weg und Steg betraut und hatten zu diesem Zweck Wegebeamte zu stellen; und meistens war ihnen auch eine Mitwirkung (verwaltend und rechtsprechend) in der Wegegerichtsbarkeit durch besondere Schöffen oder Geschworene gegeben.[81])

Daß die zuständigen Beamten der Grundherren bzw. die ihnen bei- oder untergeordneten wirtschaftlichen Organe der hofrechtlichen Gemeinden ebenso und noch mehr wie die Wirtschaftsleitung in den freien Markgenossenschaften die Macht hatten, nicht nur nützliche Wege einzurichten, sondern auch jedem Genossen jede vernünftige Wegelast im Bedarfsfalle aufzuerlegen, kann hiernach keinem Zweifel unterliegen. Und bei diesen Entschließungen wurden sie nicht durch Rechtsnormen geleitet, sondern nur durch die Frage nach dem wirtschaftlichen Bedürfnis und durch die Rücksichtnahme auf die Interessen des zu Belastenden.

Die mittelalterlichen Städte nahmen in ihre Selbstverwaltungstätigkeit auch eine eingehende Straßenfürsorge auf. Von Zugangsnot und außerordentlicher Wegeeinräumung ist aber in den Stadtrechten nichts zu finden[82]); Abtretung und Verkauf von Wegen an die Stadtgemeinde oder an Private, Wegestreitigkeiten und urkundliche Wahrung von Wegerechten sind bezeugt.[83])

5. Die agrarrechtlichen Quellen zeigen also, wie man darauf bedacht war, Feldwege festzulegen, damit eine außerordentliche Inanspruchnahme fremden Eigentums so weit als möglich vermieden wurde. Das Wegegericht und die aufsichtführenden Organe des Herrn brauchten nur noch für die Offenheit der Wege zu sorgen. Andere als die gemeinsamen Wege zu benutzen oder neue über fremdes Land zu legen, war verboten.[84])

Wenn mit dem Vorhandensein eines festen Wegenetzes das Überfahrtsrecht eines jeden Grundeigners gegen jeden Nachbarn fortfallen und sich auf das Verhältnis des von der Straße Abgeschnittenen zum Straßenanlieger beschränken konnte, so ruht

---

[80]) Über die hierbei in Betracht kommenden Beamten des Herrn sowie über event. Mitwirkung der Markgenossen bei der Entscheidung von Wegestreitigkeiten Gasner a. a. O. S. 66ff. mit zahlreichen Belegen aus den Weistümern.

[81]) Über die 12 Feldgeschworenen als Wege- und Nachbargericht unter dem Meiergericht des Grundherrn siehe Stutz, Höngger Meiergerichtsurteile Nr. 26 S. 75ff. und Anm. 4 zu Nr. 9 S. 32.

[82]) Über die städtische Nachbarlage und die nachbarrechtlichen Beschränkungen Naendrup a. a. O. S. 17 und Anm. 2.

[83]) Vgl. die bei Gasner a. a. O. S. 143 Anm. 32 zit. Urkunden.

[84]) Weistum zu Mayen bei Grimm VI. S. 636 § 6b: Weissent, alle wegh, so uber m. gn. hern gut gehen, vor unrecht, sei seien dan von alters beweislich gebraucht worden.

doch auch dies Recht, das dem Begriff eines wirklichen Notwegrechts schon erheblich näher kommt, noch großenteils auf der alten Grundlage: die Genossenschaft gab durch die Wegeschaffung den Anliegern wirtschaftliche Vorteile und legte ihnen zugleich, weil sich beim Streubesitz nicht jede Zugangsnot durch feste Wegeanlagen beseitigen ließ, gewisse Duldungspflichten auf, die man als qualitative Eigentumsbeschränkungen quantitativ meistens noch dadurch auszugleichen suchte, daß man bei Neuvermessungen dem mit der Wegelast Beschwerten sein Grundstück etwas größer bemaß.

Das Recht auf Anweisung eines Zugangs folgte aus der Teilnahme an der genossenschaftlichen Siedelung und ihrem Wirtschaftsleben. Darum hatte der abgebaute Hof für sein geschlossenes Ackerland dieses Recht nicht, er mußte für den Zugang selbst sorgen und konnte ihn nicht in der Weise wie die Markgenossen über fremdes Land erzwingen[85]); so wurde gerade das Einzelhofsystem der Anlaß für wirkliche Notwegrechte[86]) — dadurch, daß auch bei ihm die zuständigen Organe der Gemeinde oder des Gutsherrn unter bestimmten Voraussetzungen halfen, wenn eine gütliche Wegeeinräumung nicht erfolgte. Solche Fälle scheint man verallgemeinert zu haben. Jedenfalls lassen die Quellen keinen Zweifel darüber, daß bei ausnahmsweiser Zugangslosigkeit eines abgelegenen Grundstücks unter gewissen Kautelen eine rein einseitige Zugangsberechtigung besorgt werden konnte.

Dortmunder Statuten und Urteile (14. Jh.)[87]): We land hevet, dar neyn wegh bi is efte neyn wech tho hord, de mach bespreyden mit sinen waghene de vore tho deme nesten weghe, it ene were dat men eme eynem anderen wegh mit guder kuntschap bewysen mochte alse recht is.

Urteile zum Sandwell (16. Jh.)[88]): Da ein erbmann solchermaßen bekampfet, und durch mannigerley bekampfung den rechten weg zu seinem lande durch verlauf der jahren und absterben derer kündiger verwildet, dermaszen, daß er unbesperret an verhinderung mit seinem düngelwagen und anderen kühebeesteren darzu nicht gelangen möchte, ist die Frage nach landrechte, durch was mittel und weise er in zeit der noth gleich andern einen weg und zutritt bekommen möge? Darauf gewiset: Derselbe so keinen sichern weg zu seinem eschlande hat, soll so lange den gemeinen hellweg verfolgen als er kann, und dann ferner genieszen den negsten weg mit dem geringsten schaden, es möchte ihme dann von der marke ein ander weg gewiset werden.

---

85) Meitzen a. a. O. I. S. 65.

86) Naendrup a. a. O. S. 28.

87) Hrsg. von Frensdorff, III. 35, S. 74.

88) Bei Grimm, Weist. III. S. 134 Nr. 10; vgl. auch Grimm III. S. 135 Nr. 13 und Landr. v. Eschl in Ztschr. f. schweiz. R. IX S. 96 § 20.

Um derartigen Notlagen vorzubeugen, war es üblich, beim Abverkauf von Grundstücksteilen Wegerechte im Vertrag ausdrücklich dem Käufer einzuräumen bzw. sich vorzubehalten.

In den Höngger Meiergerichtsurteilen (hrsg. v. Stutz) findet sich folgender Fall aus dem 16. Jh.: Th. hat eine Parzelle an N. verkauft und ihm nicht Weg und Steg über das Restgrundstück gegeben. Th. verkauft den Rest an L.; N., der eine Wegegerechtigkeit als stillschweigend mitverkauft für sich in Anspruch nimmt, hat, da ihm der Weg nicht gegeben wird, den Kaufpreis für den damit belasteten Grundstücksteil gesperrt. Das Feldgericht der Zwölf hat nach Augenscheinseinnahme geurteilt, daß des N. Begehren nicht unziemlich, sondern billig sei.

„Deßhalb sy eyn spruch deß innhalts gegebenn, diewyl die vorgenanten verkoufftenn güter vor eyn gut gewessenn, unnd darzu altwagenn eyn gatter fornnen by der landtstraß gehannget, durch wellichen man inn dise unnd anndere güter gewandlet, das es dann fürer ouch darby, belybenn, unnd inn crafft desselbenn der N. stag und wag inn sine güter haben, allwagen zu unschädlichen zytenn, wie er sich dann deß vor ouch enntschlossenn.

Da Th. zum Gericht der Geschworenen nicht geladen war, beschwert er sich beim Meiergericht. Nach vergeblichem Vergleichsversuch erklärt sich das Meiergericht für unzuständig, da über Weg und Steg die 12 Feldgeschworenen zu urteilen haben; die Sache wird an dies Gericht zurückverwiesen.

Sachlich liegt hier der Notwegfall des § 918 Abs. 2 unseres BGB. vor.

Eine allgemeine Vorschrift des Inhalts, daß der Verkäufer einer Parzelle, die keinen besonderen Zugang hat, dem Käufer einen Weg besorgen oder ihm gestatten muß, über sein — bestelltes oder unbestelltes — Land zu fahren, enthält das Rechtsbuch nach Distinktionen[89]:

Eyn iczlich man sal sinen weg of om selber haben zon sinen acker. Haben lute eyne willecor, daz sy eynen weg mit enander haben uf or beyder land glich, ab eyner sinen teyl in dome selben rechte wel vorkouffen, vorkouft ouch eyner hinder ome by adder nebene eyme andern eyn stucke ackers, der des weges bedarf, den en mag her ome uf den weg nicht vorkouffen ane dez willen, des der weg gemeyne ist. Lest her ome nicht weges uf daz stucke, so muß her on uf deme sinen lassen farn, es sy gewunnen land adder nicht.

Eine ganz zweifelsfreie Ausführung im Sinne eines Notwegrechts bringt endlich das Landrecht des Pfleggerichtes Wartenfels[90]: Danach soll der Besitzer eines Zinsguts für seine Arbeiten die offenen Wege benutzen.

[89]) Ausg. Ortloff II. 10, 8. S. 131 f.
[90]) Österr. Weist. I. S. 155 Z. 21 ff.

„Hat er aber kainen offnen weeg, soll er den nachtbarn, darüber er am nechsten ze faren hat, fleißig und treulich bitten, das er in zu seinem zuelehen faren laß und über seine gründ ain weeg auszaig; gibt er ime also gutwillig zu und zaigt im ain weeg aus, so soll er also im länzing alle sein notdurft, es sei egen, wagen, pflueg, viech, samb und allen pauzeug, was er alda bedarf und haben mues, über desselben seines nachtbarn grund mit dem wenigisten schaden aufs zuelehen füern und sein nachtbarn in solcher fahrt on schaden halten; er sol sie auch also darauf lassen bleiben, bis zu völliger arbait des herbst; wolt in aber sein nachtbar nit faren lassen, mag er sein obrigkeit darumben ersuechen, derselb ime nach alten heerkommen bei demselben nachtbarn ain weeg durch seine grund verschaffen, darüber er also sein notdurft zum zuelehen bringen solle, doch auch wie oben bemelt mit solcher durchfahrt mit dem wenigisten schaden, und zum herbst soll er zu gleicher weis widerumben ab faren wie er im länzing darauf gefaren mit dem wenigisten schaden, alles wie von alter heerkommen ist.

Wir finden hier also: obrigkeitliche Zuweisung eines Wirtschaftsnotweges, falls ihn der Nachbar nicht freiwillig einräumt; zeitliche Beschränkung des Benutzungsrechts.

Noch mehr als bei den gegenseitigen allgemeinen Überfahrtsrechten waren, wie wir hier gesehen haben, für die außergewöhnlichen einseitigen Wegegerechtsame gewisse Voraussetzungen nötig: sie mußten durchaus notwendig sein und waren als etwas Subsidiäres gedacht. Sowohl bei der Wahl der Weglinie wie bei der Ausübung des Rechts mußte der Nachbar nach Möglichkeit geschont werden; der „nächste", der „unschädlichste Weg", der „allermindeste Schaden"[91]) sind Dinge, die immer wieder nachdrücklich betont werden; vor allem sollten erst vorhandene Wege, dann Grenzraine[92]) und erst letzten Endes fremder Acker benutzt werden.[93]) Die Zeit der Benutzung war durch den Zweck des Weges und durch das Erfordernis schonendster Rechtsausübung eng umgrenzt.

Das **Verfahren** zur Erlangung eines solchen Notwegs zeigt, daß — ähnlich wie beim römischen iter ad sepulcrum — der Nachbar zunächst zu gütlicher Einräumung ermahnt werden mußte und das Gericht nicht gleich von vorneherein angerufen werden durfte; oder es war bestimmt, daß der, dem der Weg fehlte, ihn kaufen und daß nur bei Überforderung die Obrigkeit entscheiden sollte.[94])

---

[91]) Vgl. außer den früheren Stellen auch z. B. Österr. Weist. I. S. 56 Z. 36; 154, 4; 172, 10; 193, 7; 21, 12; zur Feststellung des unschädlichsten Weges wurden bisweilen auch ehrbare unparteiische Leute zugezogen, vgl. Landr. v. **Eschl** (17. Jh.) in der Ztschr. f. schweiz. R. Bd. IX (1866).

[92]) Österr. Weist. I. S. 77 Nr. 10; **Grimm** III. S. 682 Nr. 10.

[93]) Keine Einschränkungen galten für den Grundherrn, der eine Kirche oder eine Mühle baute: **Grimm** II. S. 526; I. S. 394.

[94]) **Gasner** a. a. O. S. 93 mit Belegen aus dem Schwyzer Recht.

Für das rechtmäßige Überfahren fremden Landes brauchte im Rahmen des alten Gemeinschaftsrechts eine Entschädigung nicht geleistet zu werden; immerhin war es Rechtens, daß der, welcher die Saat des Nachbarn dabei zertreten hatte, die betreffende Stelle neu besäen mußte. Als jedoch dann später das Notwegrecht als eine rein einseitige Ausnahmebefugnis auftrat, wurde auch die in den Quellen häufig erwähnte „Ablegung der Schäden" eine entsprechende Pflicht.[95])

6. So finden wir also im deutschen mittelalterlichen Recht: allgemeine gegenseitige Überfahrtsrechte, Wegegerechtsame mit begrenzter Gegenseitigkeit oder auch einseitig für eine oder mehrere Benutzer, wir finden häufig auch ein genau geordnetes und peinlich beschriebenes Wirtschaftswegesystem und dabei doch Fälle, wo trotzalledem der Einzelne von seinem Land aus keinen Zugang zur Straße und darum das Recht hatte, von seinem Nachbar gegen Entschädigung Einräumung eines Notweges zu fordern. Und diese Zustände lösten einander nicht ab, sondern kamen unter Umständen je nach den verschiedenartigen Wirtschaftsschlägen nebeneinander in einer Gemeinde vor und können uns darum in einem und demselben Weistum entgegentreten. Die historische Entwickelung ging vom wechselnden Nutzungsrecht zum Sondereigentum, von der Wegelosigkeit zum mehr oder minder festen Wegenetz, von der Unterwerfung des Einzelnen unter das Gesamtrecht des Siedelungsverbandes oder unter die Befugnisse eines Grundherrn zur Unterordnung unter Gesetzgebung und administrative Gewalt des Staates. Mit dem allmählichen Fortfall des Flurzwanges und dem Zurücktreten der Genossenschaften wurde das Institut des Notwegs auf eine andere Grundlage geschoben. Man fing an, die Ausschließlichkeit des Eigentums mehr zu betonen; bei Zugangsnot verstand sich die Zugangsberechtigung nicht mehr von selbst, sondern mußte umständlich — meistens im Streit der Parteien — durch einen wegen seines Ausnahmecharakters fühlbaren obrigkeitlichen Eingriff geschaffen werden.

Wenn man den Notwegcharakter solcher exzeptionell eingeräumter Wege mit dem Hinweis bezweifeln will, daß der innere Grund auch bei Einzelhöfen doch die germanische Gemeinschaftsidee in ihren Nachwirkungen gewesen sei, so läßt sich sagen, daß auch heute das Institut des Notwegs in dem Bestreben wurzelt, das Einzelrecht, wo es nötig ist, dem Allgemeininteresse zu unterwerfen; — es besteht nur der Unterschied, daß das Recht auf den Notweg heute gesetzlich ausgesprochen ist, während ein solches Recht in der mittelalterlichen Entwickelung sich erst

[95]) Die Entschädigungspflicht ist also in der späteren Entwickelung und im heutigen Recht nicht durchaus römischrechtlichen Ursprungs, wie Beseler, System des gem. deutschen Privatrechts 4. Aufl. I § 91 S. 384 f. annimmt

anbahnte und noch nicht durch eine gesetzlich festgelegte Regel,[96]) sondern mehr durch das billige Ermessen der Obrigkeit gestützt wurde.

Die gewöhnlichen Zugangs-, Durchgangs- und Überfahrtsrechte lagen in der Logik der Gemeinschaftsordnung, erhielten, wenn diese Ordnung autonom festgestellt wurde, ihre Rechtsgrundlage und waren mit ein Teil des üblichen Grundeigentumsinhalts; die Wegerechte dagegen, die in Ausnahmefällen außerhalb jener Ordnung in der Notlage verlangt wurden, konnten nur durch konstitutiven Einzelakt geschaffen werden. Sie erhielten dadurch die Natur besonderer Gerechtsame. Und erst als die neuzeitliche Gesetzgebung für solche Fälle durchweg das Recht auf den Notweg gab und der in Zugangsnot befindliche Grundeigner damit feststehende Befugnisse gegen den Nachbar bekam, erst da konnten diese Befugnisse wieder als zum Inhalt des Eigentums gehörig angesehen werden.

C. Theorie und Praxis des gemeinen Rechts.

In der übernommenen römischen Lehre vom Eigentum wurde von der Theorie des gemeinen Rechts die grundsätzliche Unbeschränktheit des begrifflichen Rechts wohl noch mehr betont als das von römischen Juristen je geschehen war. Die nachbarlichen Eigentumsbeschränkungen wurden — man vergleiche die Pandektenlehrbücher — in erschöpfender Aufzählung als zugelassene Ausnahmen behandelt. Andrerseits machte sich demgegenüber auch die Auffassung geltend, daß zumal beim Grundeigentum eine tatsächliche und rechtliche Isolierung wegen der notwendigen Rücksichtnahme auf soziale Bedürfnisse nicht angängig, daß vielmehr ein gewisses Verhältnis der gegenseitigen Aushilfe und der Duldung vorgeschrieben sei.[1]) Ihering wies darauf hin: Die volle Eigentumskonsequenz beim Grundeigentum in Anwendung bringen, hieße dasselbe unpraktisch machen,[2]) und in Wirklichkeit hatte namentlich

[96]) Allgemein gehaltene Bestimmungen, wie sie in den Quellen vorkommen, etwa folgenden Inhalts: Item ein gut sal dem andern weg geben, dadurch ze faren, ob es nit enberen mag (Münsterthaler Civil- und Criminalstatuten, 1427, in Österr. Weist. IV S. 360 Z. 8) muten doch zu sehr als Reste der alten allgemeinen Überfahrtsrechte an, als daß man sie als Grundnorm für das eigentliche Recht auf den Notweg ansehen könnte.

[1]) Vgl. hierzu insbesondere Werenberg, über die Collision der Rechte verschiedener Grundeigentümer, in Iherings Jahrb. Bd. 6 S. 1 ff.; Ihering, Zur Lehre von den Beschränkungen des Grundeigentümers im Interesse der Nachbarn, ebenda S. 81 ff.; Hesse, Zur Lehre von den nachbarrechtlichen Verhältnissen der Grundeigentümer, ebenda S. 377 ff.

[2]) Ihering a. a. O. S. 94; dazu Hesse a. a. O. S. 380.

die Praxis schon längst bei der Beurteilung nachbarrechtlicher Beziehungen eine gewisse Verallgemeinerung der in den römischen Quellenstellen erwähnten gesetzlichen Grundeigentumsbeschränkungen erstrebt und erreicht.

Dies war dadurch geschehen, daß man dem Richter in bestimmten Ausnahmefällen die Befugnis zugestand, die Kollision nachbarlicher Interessen durch Schaffung von Servituten zu beseitigen. Und gerade das von der Straße abgeschnittene Grundstück war der Anlaß für diese erweiternde Rechtshandhabung und blieb auch — wenigstens nach einer weitverbreiteten Ansicht — im gemeinen Recht die einzige Grundlage für die richterliche Macht zur Bestellung einer sogenannten notwendigen Servitut.[3])

Die richterliche Befugnis, Dienstbarkeiten adjudikatorisch und mit rechtsschaffender Wirkung zu geben und aufzulegen, war dem römischen Recht bei den iudicia divisoria, den Teilungsklagen, durchaus geläufig, bot also nichts prozessual Neues. Schwierig dagegen war es, die materiellen Voraussetzungen über den Rahmen der Teilungsprozesse auszudehnen. Man zog da mancherlei Quellenbelege heran.

Unverwertbar waren dabei für die Doktrin alle die Fälle, in denen eine besondere Verpflichtung des Nachbars zur Wegeeinräumung aus einer stillschweigenden rechtsgeschäftlichen Abmachung[4]) oder aus dem Inhalt einer letztwilligen Verfügung[5]) gefolgert werden konnte; in solchen Fällen traf den Nachbar eine Rechtspflicht, er konnte in ordentlicher Weise verklagt werden, ein Anlaß zu außerordentlichem richterlichem Eingriff lag also nicht vor. Zu bemerken ist hierbei noch: In der schwankenden gemeinrechtlichen Praxis war man zwar bisweilen geneigt, das Vorliegen stillschweigender Abrede der Wegeeinräumung in gewissen Fällen der Grundstücksveräußerung anzunehmen,[6]) aber andrerseits lehnte man in ganz ähnlichen Fällen eine solche Aus-

[3]) Zum Folgenden vgl. Glücks Pandektenkommentar Bd. IX (1808) S. 93 ff.; Elvers, Über die theoretisch-praktische Begründung und Ausbildung der gemeinrechtlichen Lehre vom Notwege, in Themis Bd. I (1828) S. 73 ff.; derselbe, Die röm. Servitutenlehre (1856); Koch, Notwendige Servitut, im Schles. Archiv f. prakt. Rechtswissenschaft Bd. IV. 1 (1841) S. 200 ff.; Hesse, Die Rechtsverhältnisse zwischen Grundstücksnachbarn (1880).

[4]) Z. B. bei Verkauf eines Grundstücksteiles, der nur über das Restgrundstück hin den öffentlichen Weg erreichen kann; oder: Verkauf eines Grundstücks unter ausdrücklichem Vorbehalt des locus sepulcri, worin der stillschweigende Vorbehalt des iter ad sepulcrum mit enthalten war (D. 11 7. 10).

[5]) D de lg. I. 81. 3; D. 8. 6. 20 pr.

[6]) SeuffA. XIII. 212 (ObTr. Stuttgart): Verkauf eines Grundstücks, auf das der Verkäufer über andere ihm gehörige Güter gelangte; vgl. auch SeuffA. XL. 184.

legung wohl auch schroff ab und betonte, daß derartige Nebenabreden nicht in den Vertrag hineininterpretiert werden dürften, sondern ausdrücklich getroffen sein müßten, da das römische Recht zu derartiger allgemeiner Annahme stillschweigender Reservierung bzw. Bestellung von Servituten keinen Anhalt biete.[7])

Sehr mit Unrecht berief man sich,[8]) um ein allgemeines Nachbarrecht auf den Notweg zu beweisen, auf D. 7. 6. 1. 2:

> Sed si usus fructus sit legatus, ad quem aditus non est per hereditarium fundum, ex testamento uti agendo fructuarius consequetur, ut cum aditu sibi praestetur usus fructus —

oder auf D. de leg. I. 44. 9:

> Si duos fundos habens testator alterius mihi usumfructum, alterum Titio leget, aditum mihi legatarius non debebit, sed heres cogetur redimere aditum et praestare.

Hieraus sollte ersichtlich sein, daß der Erbe vom Nachbar Einräumung des erforderlichen Weges verlangen konnte. Koch[9]) hat mit Recht geltend gemacht, daß man dann ebensogut sagen dürfe, beim Vermächtnis einer fremden Sache könne der Eigentümer gezwungen werden, dem Erben die Sache zu überlassen, da ja der Legatar eine Klage gegen den Erben auf Verschaffung der vermachten Sache habe. — Und man zog noch weitere Belege[10]) heran, nach denen der Erbe dem Legatar, der ein Haus oder einen Nießbrauch daran erhalten hatte, nicht nur den Zugang, sondern auch Wasser oder Licht verschaffen sollte, achtete wenig darauf, daß diese Pflicht in jenen quellenmäßigen Entscheidungen ihren Grund im vermutlichen Willen des Testators oder schon im Begriff des Nießbrauchs haben konnte und auch nur im Verhältnis vom Legatar zum Erben wirkte, und man kam, die tatsächlichen Grenzen solcher Beweisstellen verlassend, zu dem allgemeinen Satz, der Richter könne auf Antrag eines Grundeigners dem Nachbar eine Dienstbarkeit gegen Entschädigung auflegen, wenn andernfalls das Grundstück unnützlich wäre.[11])

Eine vielbenutzte Beweisstelle für die Rechtfertigung richterlicher Dienstbarkeiten wurde natürlich, soweit es sich um Notwege handelte, die Ausführung des Ulpian über den iter ad sepulcrum in D. 11. 7. 12 pr. Während einzelne Schriftsteller, wie Gutherius und später Thibaut, sich gegen eine ausgedehnte Anwendung dieser Stelle aussprachen und darin nur einen durch die Besonderheit des

---

7) SeuffA. XI. 18 (OAG. Wiesbaden).

8) Vgl. dazu Koch a. a. O. S. 204ff.; Hesse a. a. O. S. 545.

9) A. a. O. S. 205.

10) So D. 7. 6. 1. 3; 8. 2. 10.

11) Über die einzelnen hierbei in Betracht kommenden Schriftsteller wie Noodt, Wiegand, Pufendorf u. a. vgl. Koch a. a. O. S. 207 Anm. 10 und 11 und Reyscher, Das gesamte württemb. Privatrecht II. § 303 S. 58f. und Anm. 6.

Begräbniswesens gerechtfertigten Ausnahmefall erblickten, wollten andere[12]) darin den Beweis für ein allgemein geltendes Recht auf Gewährung des Notweges finden. Man führte zur Stützung dieser letzteren Ansicht — wie schon oben erwähnt — aus, daß Ulpian sich auf ein Kaiserreskript beziehe und solche Reskripte selten neues Recht ausgesprochen hätten, und Noodt[13]) berief sich außerdem besonders auf die schon erwähnte Äußerung des röm. Feldmessers Siculus Flaccus, wonach zu allen Grundstücken freier Zugang existiere und bei dessen Fehlen eine Servitut zu gewähren sei. Mag man sich zu diesen Gründen stellen, wie man wolle,[14]) Tatsache ist jedenfalls, daß die überwiegende Mehrzahl der gemeinrechtlichen Schriftsteller sie sich zu eigen machte und die Praxis ihnen folgte.[15]) Zwei weitere Momente wirkten dabei mit: man fühlte, daß schon im römischen Recht die Durchführung des strengen Eigentumsbegriffs bei unbeweglichen Sachen keine restlose war und durfte annehmen, daß es dem Geist des römischen Rechts, das volkswirtschaftliche Rücksichten nahm und den Grundstücksnachbarn billige Beschränkungen auferlegte, nicht zuwider sei, einen Notweg in jedem Bedürfnisfalle zuzulassen.[16]) Ferner konnte man sich mit gutem Grund darauf berufen, daß alte Gewohnheiten des deutschen Rechtslebens für die Pflicht einer möglichst uneingeschränkten Gewährung offener Wirtschaftswege sprachen. Eine Entscheidung des Lübecker Oberappellationsgerichts[17]) beruft sich ausdrücklich außer auf die Feldmesser Siculus Flaccus und Frontinus auf das Herkommen im deutschen Wirtschaftsleben und führt weiter aus: Die Notweglast sei zudem eine nur geringfügige, da der Notweg nicht als ständig freibleibender Weg, sondern nur zur nötigsten Bewirtschaftung des Landes und unter Rücksicht auf den jeweiligen Kulturstand des belasteten Grundstücks verlangt werde; die Duldungspflicht des Nachbars sei insbesondere dann anzunehmen, wenn das Notwegrecht durch communis opinio Landesgebrauch sei und der den Weg Erbittende dieses Herkommen beweise.

Man beachte die Art der Rechtsbildung: einheimische Agrarverhältnisse lassen hier und da das Bedürfnis nach einem Notweg auftreten; im römischen Recht findet man keine ausgesprochene Handhabe, ihn zu schaffen, außer der, daß die richterliche Auflegung bei Servituten bei den Teilungsklagen vorkam und daß

[12]) S. die bei Glück a. a. O. S. 99 und bei Hesse a. a. O. S. 542 f. Angeführten.

[13]) Opera omnia S. 411; vgl. oben S. 17.

[14]) Über Siculus Flaccus und die Beweiskraft seiner Ausführung vgl. Koch a. a. O. S. 203 f.

[15]) Vgl. Hesse a. a. O. S. 543.

[16]) Hesse a. a. O. S. 545; ähnlich sieht Elvers, Themis S. 95 ff. die Begründung der Notweglehre in einer ratio naturalis iuris des röm. Rechts.

[17]) Vom 12. Dezember 1846, bei SeuffA. I. 321.

auch die behördliche Zusprechung eines iter ad sepulcrum bezeugt ist; und rein formell gedeckt durch einzelne Quellenstellen und gestützt durch spekulative Ausführungen der Theorie führt nun die Praxis zur Abhilfe das Institut der notwendigen Dienstbarkeit in weiterem Umfang ein; sie beschränkt die Errichtung solcher Dienstbarkeiten regulär auf Grundstückswege,[18]) während einzelne Schriftsteller der extensiven Auslegung ihrer Quellenstellen diese Schranke nicht ziehen und richterliche Dienstbarkeiten auch in anderen Bedürfnisfällen für rechtlich zulässig erklären.[19])

Man gab dabei aber doch dieser Schaffung notwendiger Servituten, da sie einen ausnahmsweisen Eingriff in die fremde Rechtssphäre bedeuteten, möglichst enge Grenzen: Ein Notweg konnte nur beansprucht werden, wenn das Grundstück des Antragstellers ohne den erbetenen Weg nicht bestimmungsgemäß gebraucht werden konnte; für eine außergewöhnliche Benutzung des Grundstücks wurde der Weg ebensowenig eingeräumt wie etwa aus Gründen bloßer Nützlichkeit (Ertragserhöhung) oder Bequemlichkeit (Wegverkürzung)[20]); allerdings gingen manche gemeinrechtliche Schriftsteller so weit, auch diese letztgenannten Gründe als hinreichend anzusehen.[21]) Eine Änderung der bisherigen Gebrauchsart des betreffenden Grundstücks um eignen Vorteils willen und vollends willkürliche Wirtschaftsmaßnahmen, die zu Wegenot führten, waren jedenfalls nach herrschender Ansicht nicht geeignet, das Verlangen nach der Servitut zu rechtfertigen.[22])

Andrerseits brauchte die Unmöglichkeit, auf das Grundstück zu gelangen, keine physische zu sein; es genügte vielmehr, daß ohne den Weg das Grundstück gar keinen Nutzen gewähren konnte, daß also Veranstaltungen, durch die sich eine Bewirtschaftung ermöglichen ließ, so kostspielig waren, daß sie den Grundertrag verschlungen hätten.[23])

---

[18]) Mit der Begründung, daß bei Anwendung einer Vorschrift, die wie Dig. 11, 7. 12 so sehr den Grundprinzipien des Eigentums widerspreche, möglichst streng und vorsichtig verfahren werden müsse, Hesse a. a. O. S. 546.

[19]) Vgl. v. Roth, System des deutschen Privatrechts, Bd. 3 S. 383 und die daselbst in Anm. 36 angeführten Schriftsteller und Entscheidungen. Die richterliche Auflegung anderer Servituten, z. B. Wassergerechtigkeiten ist jedoch in der Praxis selten vorgekommen; darüber Hesse a. a. O. S. 546. Über mögliche Notwegservitut des Fischereiberechtigten vgl. SeuffA. 41, 201; im allgemeinen war der Anspruch auf den Notweg aber nicht zum Zweck des Gebrauchs einer Grundgerechtigkeit gegeben; vgl. darüber v. Roth a. a. O. S. 384 Anm. 37.

[20]) Glück a. a. O. S. 101 ff.; v. Roth a. a. O. S. 384; SeuffA. IV. 204. L. 79.

[21]) Darüber Glück a. a. O.; SeuffA. XIII. 210.

[22]) Koch a. a. O. S. 209; v. Roth a. a. O. S. 384; SeuffA. IV. S. 204 (OLG. Dresden), XXXIII. 3 (OAG. Lübeck) und L. 79 (RG.).

[23]) SeuffA. IV. 204 (OAG. Dresden). Vgl. auch Annalen für Justizpflege und Verwaltung in Kurhessen (hrsg. von Heuser) Bd. 4 S. 160:

Der Notweg mußte die dem Nachbar am wenigsten schädliche Richtung nehmen[24]) und darum mußte unter mehreren in Betracht kommenden Nachbargrundstücken das zur Belastung herausgesucht werden, dem der Weg die geringste Beschwerde verursachte.[25])

Derjenige, der den Weg bekam, mußte eine Vergütung leisten, bei deren Bemessung sein Vorteil und die Beschwerung des Nachbars in gleicher Weise zu berücksichtigen waren.[26])

Was das Verfahren zur Schaffung des Notwegs betrifft, so ist zu beachten, daß ein Wegerecht vor der richterlichen Schaffung noch nicht bestand und daß darum gegen den Nachbar eine Klage oder eine Einrede aus der Dienstbarkeit nicht gegeben war.[27]) Der in Wegenot Befindliche hatte gegen seinen Nachbar auch keinen Rechtsanspruch auf Begründung einer Servitut.[28]) Vielmehr war er darauf angewiesen, den Richter um Konstituierung des Wegerechts zu bitten. Das Verfahren, das sich hierfür in der gemeinrechtlichen Praxis herausgebildet hatte, wich vom ordentlichen Prozeß erheblich ab. Der Schaffung eines Privatrechts dienend gehörte es aber immerhin zum Bereich des Zivilprozesses, wenn auch von manchen Schriftstellern unter Hinweis auf die extraordinaria interpellatio beim Begehren des iter ad sepulcrum ausgeführt wurde, daß es mangels Geltendmachung eines Rechts durch einen Kläger sich nicht um eine richterliche, sondern um eine verwaltungsrechtliche Angelegenheit handle und daß dementsprechend verfahren werden müsse.[29]) Die Parteien nannte man nicht Kläger und Beklagten, sondern Implorant und Implorat. Der den Weg erbittende Implorant mußte zunächst eine außergerichtliche gütliche Einräumung beim Nachbar durchzusetzen suchen. Hatte er dabei keinen Erfolg, so wandte er sich an das Zivilgericht und legte dar, daß sein Grundstück den nötigen Zugang nicht habe, eine besondere Wegegerechtigkeit ihm nicht zustehe und die von

---

Danach sind die Voraussetzungen der Notweglage im gemeinen Recht auf den äußersten Notfall einzuschränken. Dies wie die möglichst unschädliche Auferlegung und die Pflicht zu voller Entschädigung ergebe sich daraus, daß auf Einräumung des Weges keine actio im engeren Sinne, sondern ein außerordentliches remedium zustehe.

24) Vgl. den Fall in SeuffA. XXVII. 3 (OAG. Berlin).

25) v. Roth a. a. O. S. 384 Anm. 40; SeuffA. IV. 204; Hesse a. a. O. S. 549. Der Beklagte konnte darum einwenden, daß die erbetene Servitut von einem anderen Nachbar mit geringerer Schädlichkeit bestellt werden könne als von ihm, Koch a. a. O. S. 229.

26) Glück a. a. O. S. 203; Hesse a. a. O. S. 549; Roth a. a. O. S. 38.

27) SeuffA. I. 177 (ObTr. Stuttgart); VI. 156 (OAG. Jena); XIII. 211 (OAG. Cassel); XIV. 114 (OAG. Kiel).

28) Wie Karding, Beiträge zur Lehre vom Notweg, im Arch. f. d. ziv. Pr. Bd. 99 S. 407 annimmt; vielmehr hat die betroffene Person, wie Koch a. a. O. S. 222 hervorhebt, nur die negative Pflicht jedes Staatsangehörigen, sich die Ausführung seiner obrigkeitlich beschlossenen Maßregel ohne Widerrede gefallen zu lassen.

29) Vgl. Koch a. a. O. S. 222ff.; Hesse a. a. O. S. 550.

ihm erbetene Wegerichtung unter Berücksichtigung der gesamten Feldmark all seiner Nachbarn die am wenigsten schädliche sei[30]); zugleich bat er, einen Termin zur Verhandlung über eine freiwillige Wegegewährung gegen billige Entschädigung anzusetzen und bei vergeblichem Ausgleichsversuch dem Imploraten die Bewilligung des Weges gegen angemessene — von Sachverständigen festzusetzende — Vergütung und gegen Erstattung der durch seine Weigerung verursachten Kosten urteilsmäßig zur Pflicht zu machen. Blieb das gerichtliche Güteverfahren ergebnislos, so hatte der Richter unter Zuziehung Sachverständiger die Notwendigkeit der Servitut, ihre geringste Schädlichkeit und die Höhe der für sie zu gewährenden Entschädigung zu erörtern und gegebenenfalls zu erkennen, daß der Implorat den näher zu bezeichnenden Weg gegen die näher zu bezeichnende Entschädigung einzuräumen schuldig sei.[31])

Die Kosten der Servitutenbestellung trug regelmäßig der Implorant, da sein Begehren ja nicht durch eine Rechtsverletzung des Gegners veranlaßt war; nur wenn dieser durch unbegründeten Widerspruch unnötige Weiterungen verschuldet hatte, konnte er zur Kostenerstattung herangezogen werden.[32])

Man sieht, wie nachhaltig die von Ulpian erwähnten Besonderheiten der Schaffung des römischen iter ad sepulcrum auf die Begründung von Notwegen in der gemeinrechtlichen Praxis eingewirkt haben: kein Rechtsanspruch, keine Klage, sondern extraordinäres Anrufen des Richters; Nachweis, daß eine Gerechtsame rechtsgeschäftlich nicht geschuldet wird; nach vergeblichem Versuch gütlicher Einigung richterliche Zusprechung.

Mit der gerichtlichen Entscheidung war die Dienstbarkeit ohne besonderen Übergabeakt vorhanden und genoß nun den gewöhnlichen sachenrechtlichen Klagenschutz.

Man sprach von einer servitus necessaria im Gegensatz zu den nachbarrechtlichen Befugnissen und Belastungen, die ebenfalls die Gestalt von Dienstbarkeiten hatten, aber ohne richterlichen Schaffungsakt kraft Gesetzes vorhanden waren, wie das Recht auf den natürlichen Wasserabschluß oder das Recht auf den Leinpfad; diese waren sogen. servitutes legales.

Unter Zusammenfassung ist also für das gemeine Recht festzustellen: Ein gegen den Nachbar gerichtetes Recht auf Einräumung eines Notweges war nicht anerkannt; wo aber der Zugang für die ordnungsmäßige Bewirtschaftung eines Grundstücks durchaus nötig war, bestand die Möglichkeit, den Richter um Bestellung einer Wegegerechtigkeit anzugehen.

---

[30]) SeuffA. XVI. 12. (ObTr. Berlin).

[31]) Vgl. Koch a. a. O. S. 227f.; auch Puchta, Klagen der Landeigentümer S. 255ff.

[32]) Hesse a. a. O. S. 552.

D. Deutsch-partikuläres und außerdeutsches Recht.

Die Fortbildung im einzelstaatlichen Recht führte bisweilen zu einer Erweiterung der Voraussetzungen für notwendige Grundstücksservituten, so daß diese nicht bloß bei Unnützlichkeit eines Grundstücks, sondern unter Umständen auch zum Zweck wirtschaftlicher Verbesserungen auferlegt werden konnten, bisweilen aber finden wir andrerseits eine Einschränkung dieser Servitutenart auf den Fall des Notweges. Seine Schaffung erfolgte teils unter dem Einfluß der gemeinrechtlichen Lehre und Rechtsprechung durch Richterspruch, teils machte sich jedoch schon die Auffassung geltend, daß die Notlage als solche unter den Nachbarn Recht und Pflicht entstehen lasse und der Richter nur aushilfsweise die Dienstbarkeit konstituiere oder sie gar nur nach Inhalt und Umfang bestimme. Fast durchgängig sah man im einmal festgelegten Notweg eine selbständige Grundgerechtigkeit oder doch eine servitutartige Rechtsbeziehung.

1. Preußisches Recht.

Die Eigentumslehre des preußischen Rechts betont die Absolutheit und Ausschließlichkeit des Eigentums, die Totalität der Herrschaftsrechte des Eigentümers.[1]) Wenn das ALR. auch keinen geschlossenen Eigentumsbegriff gibt, sondern die unter dem Eigentum begriffenen Rechte aufzählt,[2]) so zieht es doch alle Folgerungen aus dem abstrakten Begriff des römischen Rechts. Die Zahl der **gesetzlichen** Beschränkungen dieses Eigentums ist allerdings eine sehr große; sie sind teils durch das ALR., teils durch spätere Sondergesetze festgelegt. Die nachbarrechtlichen Einschränkungen insbesondere haben, wenn sie auf Unterlassungen oder Duldungen des Nachbars gerichtet sind, den dinglichen Charakter selbständiger Grundgerechtigkeiten,[3]) ohne im eigentlichen Sinne zu diesen gerechnet zu werden.[4]) Der Notweg ist unter diesen Nachbarrechtssätzen nicht zu finden, hat seinen Platz vielmehr im Recht der „Gerechtigkeiten der Grundstücke gegen einander" unter der Rubrik der „**notwendigen** Einschränkungen des Eigentums" (I. 22. §§ 3 ff.) vor dem Abschnitt über die eigentlichen „Grundgerechtigkeiten" (I. 22 §§ 1 ff.).

---

[1]) Vgl. ALR. I. 8 § 1; Foerster-Eccius, Theorie und Praxis des heutigen gemeinen preußischen Privatrechts, 5. Aufl. III. S. 127 ff.; Dernburg, Lehrbuch des preuß. Privatrechts 4. Aufl. I. S. 443 ff.; O. Fischer, Lehrbuch des preuß. Privatrechts S. 182 ff.

[2]) I. 8. §§ 9 ff.

[3]) Koch, ALR. Anm. 2 zu I. 22 § 1.

[4]) Vgl. aber I. 22 (über die Grundgerechtigkeiten) § 1: „Den gesetzlichen Einschränkungen des Eigentums ist ein jeder Grundbesitzer sich zu unterwerfen verpflichtet."

ALR. I. 22 §§ 3 ff. bestimmen:

§ 3. Auch solche Einschränkungen muß jeder Grundbesitzer sich gefallen lassen, ohne welche ein anderes Grundstück ganz oder zum Teil völlig unbrauchbar sein würde.

§ 4. Für dergleichen zum Gebrauche eines Grundstücks notwendig gewordenen Vergünstigungen kann der Eigentümer des belasteten Grundstücks billige Vergütung fordern.

§ 5. Bei Bestimmung dieser Vergütung muß auf den Schaden, welchen das belastete Grundstück durch die notwendige Einschränkung leidet, Rücksicht genommen werden.

§ 6. Können die Interessenten sich darüber nicht vereinigen, so muß die Vergütung auf eine jährliche, dem belasteten Grundstücke von dem Begünstigten zu leistende Abgabe bestimmt werden.

§ 7. Die Bestimmung selbst geschieht alsdann durch Schiedsrichter, wozu jeder Teil einen vorschlägt und der Richter den Obmann ernennt.

§ 8. Durch willkürliche Veränderungen in Gestalt, Hauptbestimmung oder Nutzungsart seines Grundstücks kann Niemand den Anderen zu dergleichen Einschränkungen verpflichten.

§ 9. Doch dürfen Begünstigungen, welche zu erheblichen Verbesserungen eines anderen Grundstücks notwendig sind, insofern nicht versagt werden, als der Eigentümer dadurch in dem bisherigen freien Gebrauche seiner Sache nicht gestört, noch an nützlichen Verbesserungen, die er selbst in dieser Sache vornehmen könnte, gehindert wird.

§ 10. Sowohl die Belastungen dieser Art (§§ 3, 9) als die nach §§ 4, 5, 6 zu leistende Vergütung dauern nur so lange, als die Notdurft des begünstigten Grundstücks vorhanden ist.

Der wesentliche Inhalt dieser Vorschriften ist also der, daß jedem Grundstück zugunsten eines anderen Grundstücks jede Einschränkung gegen Vergütung aufgelegt werden kann, wenn das andere Grundstück sonst unbrauchbar sein würde, daß solche Auflegung unter gewissen engeren Voraussetzungen auch zum Zwecke einer erheblichen Verbesserung eines anderen Grundstücks erfolgen kann und daß die Last nur so lange dauert wie das Bedürfnis des berechtigten Grundstücks.

Bei der sehr allgemeinen Fassung des § 3 ist der Notweg — wenn auch der praktisch wohl wichtigste — durchaus nicht der einzige Fall solcher sogenannten notwendigen Servituten; denn so nannte man diese Einschränkungen[5]); ihre Rechtsnatur wird noch zu untersuchen sein. Hingewiesen sei schon hier darauf, daß das Gesetz, abgesehen von der Unterordnung unter den Titel über

[5]) Koch, Notwendige Servitut S. 212; derselbe, ALR. Anm. 6 zu I. 22 § 3; Foerster-Eccius a. a. O. S. 368 ff.; Dernburg a. a. O. S. 757 ff.; Fischer a. a. O. S. 285.

Grundgerechtigkeiten, uns für die Begriffsbestimmung nur den Satz liefert „auch solche Einschränkungen muß sich der Grundeigentümer gefallen lassen..."

Übrigens konnten solche Gerechtigkeiten gemäß § 3 nur zum Gebrauch von Grundstücken, nicht auch zu dem von Grundservituten, in Frage kommen[6]); andrerseits ist eine causa perpetua nicht gefordert, es genügte, daß sie für vorübergehende Zwecke unbedingt nötig waren.[7])

Das preußische Recht war mit seiner allgemeinen Zulassung solcher Duldungspflichten, die durch notwendige wirtschaftliche Bedürfnisse des Nachbars diktiert waren, den Gedanken des mittelalterlichen deutschen Agrarrechts gefolgt. Es ging über Theorie und Praxis des gemeinen Rechts hinaus, soweit man in diesen die notwendige Servitut auf die Wegeinräumung und außerdem auf die Fälle äußerster Notwendigkeit einschränken, die Fälle bloßer — auch noch so erheblicher — Nützlichkeit dagegen ausgeschieden wissen wollte.

Ob ein Grundstück ohne den erstrebten Weg ganz oder zum Teil völlig unbrauchbar war, mußte nach seinen natürlichen Eigenschaften und nach dem Wirtschaftszustand beurteilt werden, in dem es sich zur Zeit der Erhebung des Anspruchs befand; es kam nicht darauf an, daß das betreffende Grundstück möglicherweise noch auf andere Art hätte benutzt werden können.[8]) Hatte der Eigentümer überhaupt keinen Weg, um zum Grundstück zu gelangen, so wird Unbrauchbarkeit im Sinne des zit. § 3 immer vorgelegen haben.[9]) Im übrigen war maßgebend die Rücksicht auf den bestimmungsgemäßen gewöhnlichen Gebrauch, so daß ein ungewöhnlicher etwa zu bloßer Erhöhung der Nutzbarkeit eingeführter Gebrauch kein besonderes Notwegrecht begründen konnte,[10]) es sei denn, daß es sich um erhebliche Verbesserungen im Sinne des zit. § 9 handelte und der zu belastende Grundeigner durch die Last weder gestört noch seinerseits an nützlichen Verbesserungen gehindert wurde.

Als „willkürliche Veränderungen in Gestalt, Hauptbestimmung oder Nutzungsart des Grundstücks" im Sinne des zit. § 8 sah man solche an, die der Besitzer ebenso willkürlich wieder fortnehmen oder abändern konnte.[11]) Rechtsgeschäftliche Maßnahmen, z. B. Veräußerungen von Grundstücksteilen, die dann Wegenot zur Folge haben, nennt das Gesetz nicht; man wird in

---

[6]) Foerster-Eccius a. a. O. S. 368 Anm. 39.

[7]) Derselbe a. a. O. S. 369 Anm. 41.

[8]) Striethorsts Archiv Bd. 31 S. 114 ff.; Koch, ALR. Anm. 6 zu I. 22 § 3; Foerster-Eccius a. a. O. S. 369 Anm. 41.

[9]) Vgl. Strieth. Archiv Bd. 8 S. 61 ff.

[10]) Vgl. v. Roth, Bayer. Zivilrecht 2. Aufl. II. 2 § 169 S. 21 f.

[11]) Vgl. Koch, Notw. Serv. S. 214.

derartigen Fällen meistens die stillschweigende Vereinbarung einer vorzunehmenden Wegeeinräumung haben annehmen dürfen.[12])

Der § 3 ALR. I. 22 besagt dem Sinne nach, daß diese Art von Gerechtsame nur verlangt werden kann, wenn sie durchaus nötig ist. Darum konnte der in Anspruch genommene Nachbar den — von ihm zu beweisenden — Einwand machen, daß der Kläger bereits eine Wegegerechtigkeit über ein anderes Grundstück habe[13]) oder daß er dem Notstand auf irgendeine andere Art abhelfen könne.[14])

Dem bei Gerechtsamen, wenn auch nicht ausdrücklich und allgemein ausgesprochenen, so doch anerkannten (gesetzlich im Fall des § 29 I. 22) Grundsatz, daß der Berechtigte schonend vorgehen und auf den Belasteten möglichst Rücksicht nehmen müsse, entsprach es, daß die Wegeziehung durch das Grundstück des Nachbars nicht willkürlich erfolgen durfte, sondern daß der in Wegenot Befindliche sich den Weg vom Nachbar anweisen lassen mußte.[15])

Wie der Nachbar einwenden konnte (genau genommen ist es ein Bestreiten der Klagegrundlage), der Antragsteller habe eine anderweitige ausreichende Wegegerechtigkeit, so konnte er auch geltend machen, jener habe das Recht von einem anderen seiner Nachbarn die Einräumung des Weges zu verlangen, da dieser Nachbar dadurch weniger bedrückt werde als er, der Beklagte, und da auch die Ausübung der Servitut durch jene Wegerichtung nicht erschwert sei.[16]) Denn der Notleidende hatte unter seinen mehreren Nachbarn durchaus nicht die Wahl, sondern mußte dem Leitsatz möglichst schonender Ausübung seines Rechts folgend begründetermaßen den Nachbar um den Weg angehen, der dabei den geringsten Schaden litt; dies folgerte man u. a. auch aus ALR. I. 8 §§ 30, 31 (Koch, Notw. Serv. S. 232). Die Durchsetzung des Notwegrechts wurde praktisch so gehandhabt, daß der vom Weg Abgeschnittene den ihm geeignet erscheinenden Nachbar, falls dieser ihm den Weg nicht freiwillig einräumte bzw. sich die Benutzung seines Grundstücks nicht gefallen ließ, verklagte; hierbei brauchte er keinen individuell bestimmten Weg zu verlangen, es

---

[12]) Koch ebenda.

[13]) Strieth. Arch. Bd. 31 S. 114 ff.; Koch, ALR. Anm. 6 zu I. 22 § 3.

[14]) Koch, ALR. I. 22 § 3 Anm. 7 a. E. und die dort zit. Rechtsprechung. Dagegen konnte dem Kläger nicht entgegengehalten werden, daß er bei völliger Wirtschaftsänderung oder durch Errichtung anderer kostspieliger Anlagen, z. B. einer Brücke, ohne den Notweg auskommen könne, vgl. Dernburg a. a. O. I. S. 757.

[15]) Entsch. d. ObTr. I. S. 129.

[16]) Strieth. Arch. Bd. 31 S. 114 ff. Wurde die Ausübung der Servitut durch Festlegung auf das Grundstück eines anderen Nachbars erschwert, so griff jener Einwand nicht durch; die größere Belastung des tatsächlich in Anspruch genommenen Nachbars war dann eben durch die höhere Entschädigung ausgeglichen.

genügte vielmehr die Bezeichnung eines seinen Bedürfnissen abhelfenden Terrains zur Substantiierung seines Anspruchs[17]); immerhin mußte er einen bestimmten Gegner nennen, ein Hineinziehen aller möglichen Nachbarn war nicht vorgeschrieben.[18]) Und so war es denkbar, daß der Kläger nacheinander mehrere oder gar sämtliche Nachbarn vergeblich verklagte, weil er jedesmal mit dem bewiesenen Einwand geschlagen wurde, daß ein anderer der Nachbarn weniger durch den Weg beschwert werde als der gerade verklagte. Darum ist Koch, wie schon oben bei Besprechung der gemeinrechtlichen Praxis kurz erwähnt worden ist, wiederholt[19]) dafür eingetreten, daß das Verfahren bei Schaffung notwendiger Dienstbarkeiten besser nicht als Justiz-, sondern als Verwaltungssache zu gestalten sei; denn der gerichtliche Prozeß mit seinem bestimmt formulierten Klageantrag gegen einen bestimmten Beklagten eigne sich nicht zur Erörterung und Entscheidung der Notwendigkeits- und Einräumungsfrage; in einer Polizeisache dagegen sei die gleichzeitige Verhandlung mit allen Beteiligten möglich. Die innere Rechtfertigung für die Behandlung der Sache im Verwaltungsverfahren hat Koch darin sehen wollen, daß es sich gar nicht um gerichtliche Beurteilung eines zwischen den Parteien bestehenden Privatrechtsverhältnisses, sondern um einen aus publizistischen Gründen erfolgenden konstituierenden Zwang gegen den zu belastenden Nachbar handle.[20])

Tatsache ist, daß das preußische Recht für das Verfahren nichts Ausdrückliches bestimmt, daß nichts von der Notwendigkeit einer richterlichen Entscheidung gesagt ist und das Gesetz auch kaum einen Anhalt für konstruktive Erwägungen darüber bietet, welcher Art die Beziehung zwischen den Nachbarn von vornherein ist und in welcher Art sie durch den obrigkeitlichen Eingriff verändert und gefördert wird. Jedenfalls war die richterliche Entscheidung, wenn der Nachbar den Weg nicht freiwillig hergab, der übliche Weg, und es fragt sich nur, worauf sie sich hätte beziehen müssen, ob sie nämlich erst eine Rechtspflicht zur Servitutbestellung schuf oder nur eine bereits bestehende Pflicht urteilsgemäß feststellte und inhaltlich bestimmte oder ob sie gar schon in die dingliche Rechtslage schaffend eingriff.

Die Nachwirkung der gemeinrechtlichen Konstituierung von Servituten durch richterliche Entscheidung hatte dazu geführt, daß man am Erfordernis des Richterspruchs festhielt und

---

17) Koch, ALR. Anm. 7 zu I. 22. 3; Dernburg a. a. O. S. 758.

18) Foerster-Eccius a. a. O. S. 1052 Anm. 7; Strieth. Arch. Bd. 8 S. 61 ff.

19) Notw. Serv. S. 223 ff.; ALR. Anm. 7 zu I. 22 § 3 (S. 1053).

20) Dagegen sieht Koch die Verhandlung über die Entschädigung durchaus als Justizsache an; Notw. Serv. S. 226 f.

manchmal geneigt war, ihn als konstitutiv aufzufassen, zumal ja auch im Separationsverfahren und bei der Enteignung zeitweilige und dauernde Eigentumseinschränkungen mit dem Charakter einer Grundgerechtigkeit durch behördlichen Ausspruch geschaffen wurden. Gierke[21]) sieht in der Auffassung, daß der Notweg eine vom Richter bestellte Servitut sei, eine Verdunkelung des Gedankens der nachbarrechtlichen Eigentumsschranke und weist darauf hin, daß den Gesetzbüchern jene Auffassung fremd sei. Allein die Theoretiker stehen in ihrer Mehrzahl doch bei der Annahme einer richterlichen Servitut.[22])

Die Gesetzesrevisoren des ALR. waren der ausgesprochenen Meinung, „daß die Konstituierung der notwendigen Servitut selbst nur durch richterliches Erkenntnis erfolgen könne, wie doch in der Natur der Sache liege, indem hier von der Feststellung eines Rechtsverhältnisses zwischen Privatpersonen die Rede sei".[23]) Allein diese Konstruktion ist keine geschlossene. Nach dem Wortlaut des Gesetzes, der Grundbesitzer müsse „solche Einschränkungen sich gefallen lassen, ohne welche ein anderes Grundstück ganz oder zum Teil völlig unbrauchbar sein würde", müßte man eigentlich annehmen, daß in solchen Fällen von vorneherein eine eben durch den tatsächlichen Notzustand geschaffene Duldungspflicht einerseits, eine Handlungsbefugnis andrerseits vorgelegen habe, eine gesetzliche Eigentumsbeschränkung, die den Inhalt einer Dienstbarkeit hatte, ohne jedoch hinsichtlich ihrer Entstehung und hinsichtlich ihres Wegfalls nach den für die Grundgerechtigkeiten im allgemeinen geltenden Regeln beurteilt zu werden. Die nachfolgende Parteiabrede oder das nachfolgende Urteil hätten dann nichts weiter bedeutet als vertragliche oder gerichtliche Festlegung des Inhalts der Wegegerechtigkeit und vertragliche oder gerichtliche Festsetzung der zu gewährenden Entschädigung.

Diese Denkform wurde nicht gewählt. Die Ansicht, daß durch den Zustand des Grundstücks eine — wenn auch nur schuldrechtlich und nicht dinglich wirkende — gesetzliche oder Zustandsobligation erzeugt wird, die also schon vor dem Ausspruch des Richters existiert, ist allerdings auch vertreten worden[24]); aber zwei sehr naheliegende Folgerungen aus dieser

[21]) Deutsches Privatrecht II. S. 437 und Anm. 91.

[22]) Vgl. die Lit. bei Gierke a. a. O. Anm. 91.

[23]) Motive zum Entw. Teil I. Tit. 22. S. 152. Über die Bevorzugung des gerichtlichen vor dem polizeilichen Verfahren bei Rechtsstreitigkeiten über notwendige Einschränkungen des Privateigentums vgl. die Kab.-Ordre vom 22. August 1833 bei Koch, ALR. Anm. 7 zu I. 22 § 3 (S. 1053) und Notw. Serv. S. 223 ff.

[24]) Foerster-Eccius a. a. O. S. 369 Anm. 39. Neuerdings hat sich Menzel a. a. O. S. 254 und Anm. 55 zum preußischen Recht sehr bestimmt dahin geäußert, daß das Notwegrecht nach seiner Stellung im ALR. gar kein subjektives Recht, sondern nur der Reflex der Eigentumsbeschränkung, insbesondere daher keine vom Richter bestellte Grundgerechtigkeit sei.

Auffassung hat man doch nicht gezogen: mußte der Nachbar sich die Beeinträchtigung seines Eigentums ohne weiteres gefallen lassen, so konnte eine vernünftige Ausübung des Wegerechts auch vor Abrede oder Urteil keine verbotene Eigenmacht sein und so hätte der Berechtigte seine Befugnisse auch vor Abrede oder Urteil gegenüber einer Negatorienklage des Nachbars einredeweise verwenden können. Aber diese beiden Schlüsse lehnte man ab; selbständige Anmaßung galt vielmehr als Besitzstörung, und nur der Hinweis auf die vertragliche oder richterliche Festlegung der Servitut, nicht aber die bloße Behauptung ihrer Notwendigkeit konnten die Grundlage einer Einrede abgeben.[25])

Die vorherrschende juristische Auffassung von der Natur des Notwegrechts und den einzelnen Stufen seiner Durchsetzung war für das preußische Recht vielmehr folgende[26]): Der bloße faktische Notzustand erzeugt zwischen den Beteiligten noch nicht Rechte und Pflichten, er gibt vielmehr dem Bedrängten nur ein Recht öffentlicher Natur gegen den Staat; der angerufene Richter kann dabei zu dem Ergebnis kommen, daß die Einräumung einer Gerechtsame nötig ist, und deshalb spricht er den hierfür in Frage kommenden Nachbar schuldig, die Servitut gegen Gewährung einer Entschädigung zu bestellen. Erst durch dieses Urteil entsteht eine unmittelbare Beziehung rechtlicher Art von Nachbar zu Nachbar, und zwar eine schuldrechtliche, kaufvertragsähnliche. Wird die gerichtlich ausgesprochene Rechtspflicht nicht gutwillig erfüllt, so kann der in Wegenot Befindliche gewissermaßen mit einer actio empti utilis (nicht actio iudicati!) auf richterliche Bestellung der Servitut klagen. Diese Klage ist eine rein obligatorische, sie stützt sich, wie Koch sagt, auf einen „durch den Mund des Magistrats ausgesprochenen Kontrakt"; sie hat auch nicht die Eigenschaften einer actio in rem scripta; wechselt das zu belastende Grundstück also seinen Eigentümer vor der vollzogenen Auflegung der Servitut, so muß der neue Eigentümer wiederum verklagt werden, damit auf diese Weise ein Schuldverhältnis zwischen ihm und dem Imploranten durch Richterspruch hergestellt wird.

Dem Gedanken des Kaufs der Grundgerechtigkeit[27]) entsprach die Vorstellung von der Zweiseitigkeit und dem rechtlichen Zusammenhang der beiden Verpflichtungen. Mit Feststellung der Notwendigkeit einer Servitutenbestellung sollte darum auch regelmäßig gleichzeitig die Höhe der zu leistenden Entschä-

---

[25]) Foerster-Eccius a. a. O. S. 368 Anm. 37; v. Roth, Bayer. Zivilrecht 2. Aufl. II. 2 § 169 S. 21 f.; Dernburg a. a. O. S. 752.

[26]) Vgl. Koch, Notw. Serv. S. 223 Anm. 30. 31. S. 236 ff.

[27]) Wurde nicht eine einmalige Kapitalabfindung, sondern eine Rente gezahlt, so nahm man Miete oder Pacht als vorliegend an; Foerster-Eccius a. a. O. S. 370.

digung ermittelt und festgesetzt werden,[28]) und wenn auch gelegentlich entschieden worden ist, daß zur Klagebegründung „die erklärte Bereitwilligkeit zur Übernahme einer im besonderen Verfahren zu ermittelnden Vergütung" genüge,[29]) so war doch die Benutzung des Weges vor der Leistung der Entschädigung nicht gestattet[30]); folgerichtiger erscheint allerdings die ebenfalls vertretene Ansicht,[31]) daß der Nachbar, solange der Implorant nicht zahlte bzw. für die noch nicht festgesetzte Entschädigung Sicherheit leistete, die Einräumung der Servitut mit einer Art exceptio non impleti contractus ablehnen konnte, nach erfolgter Einräumung oder richterlicher Schaffung dagegen ein solches Weigerungsrecht aus dem Grunde mangelnder Entschädigung nicht mehr hatte.

Zum äußeren Gang des Verfahrens, über das — wie gesagt — Sondervorschriften nicht gegeben waren, hatte Koch[32]) vorgeschlagen: Nachweis der Voraussetzungen für die geforderte Dienstbarkeit[33]) unter Namhaftmachung aller Nachbarn, deren Grundstücke möglicherweise die Einschränkung übernehmen könnten, mit der Bitte, „demjenigen die Bestellung der Dienstbarkeit gegen Entschädigung aufzulegen, welchem sie die wenigsten Unbequemlichkeiten verursache"; Termin an Ort und Stelle unter Zuziehung der Nachbarn; bei vorhandenem Notstand Schuldigsprechung eines Nachbars, die Wegegerechtigkeit auf der zu bezeichnenden Stelle gegen eine billige Entschädigung einzuräumen, die in Ermangelung einer gütlichen Einigung in besonderem Verfahren festzusetzen ist; bei weiterer Weigerung des Nachbars gerichtliche Festlegung der Dienstbarkeit durch Absteckung des Weges. Die Ermittelung der Entschädigungshöhe soll nur auf Betreiben des mit der Gerechtsame zu Belastenden erfolgen und diesen Teil des Verfahrens möchte Koch[34]) vor dem ordentlichen Richter sich abspielen lassen, da es sich um eine aus einem Privatrechtsverhältnis entstandene Forderung handle. Einigten sich die Parteien nicht über eine gütliche Abfindung, so war die Vergütung in der Form einer Rente zu bestimmen (ALR. I. 22 § 6), und zwar sollte diese Bestimmung nach § 7 durch Schiedsrichter erfolgen. Diese Schiedsrichter waren mehr als bloße sachverständige Berater des Richters, andrerseits handelte es sich aber auch nicht um einen Schiedsspruch im eigentlichen Sinne, sondern diese Schiedsrichter

[28]) Foerster-Eccius a. a. O. S. 369.

[29]) ObTr. 30. S. 96, dazu Koch, ALR. Anm. 8 zu I. 22 § 5.

[30]) Strieth. Arch. 81 S. 154.

[31]) Koch, Notw. Serv. S. 237; vgl. auch Foerster-Eccius a. a. O. S. 369 Anm. 40; die Einräumung der Servitut ist abhängig von der Feststellung, aber nicht von vorgängiger Zahlung der Entschädigung.

[32]) Notw. Serv. S. 233 ff.

[33]) Allerdings möchte Koch dies nicht im Wege der Klage, sondern im Wege einer extra ordinem vor sich gehenden Impetration geschehen lassen.

[34]) A. a. O. S. 235.

waren tätig als Arbitratoren, die einen Teil der nötigen tatsächlichen Feststellungen statt des Richters vornahmen.[35])

Bei der wenig einheitlichen Auffassung von der Natur des Notdienstbarkeitsrechts finden sich in der Literatur auch widersprechende Ansichten über die Pflicht zur Kostentragung. Nimmt man an, daß schon die Tatsache der Wegenot eine Schuldbeziehung zwischen den Nachbarn schuf, so mußten füglich dem Nachbarn, der trotz dieser Obligation den Weg nicht freiwillig einräumte, sondern sich verklagen ließ, die Kosten aufgelegt werden.[36]) Nimmt man dagegen an, daß ein Rechtsverhältnis unter den Beteiligten zunächst gar nicht vorhanden war, so kann auch der Kostenpunkt nicht nach den für Prozesse über Rechtsverhältnisse geltenden Regeln (AGO. I. 23 §§ 2, 3) bestimmt werden.[37]) Wenn nicht eine konkrete Rechtspflicht, sondern lediglich die allgemeine Staatsbürgerpflicht zur Beschränkung des Nachbareigentums unter ganz bestimmten Voraussetzungen führte, so war es folgerichtig, regelmäßig dem Antragsteller die Kosten aufzuerlegen,[38]) es sei denn, daß der Gegner durch unnötige Weigerung oder durch sein sonstiges Verhalten besondere Kosten des Verfahrens oder der Vollstreckung verursacht hatte. Dabei umfassen die vom Antragsteller zu tragenden Kosten auch die der Verhandlung über die Höhe der Vergütung.[39]) Dieser Grundsatz konnte naturgemäß nur für die erste Instanz gelten, während in den weiteren Instanzen die gewöhnlichen Bestimmungen über die Verurteilung in die Kosten eingreifen mußten.

War der Notweg freiwillig eingeräumt oder durch gerichtliche Entscheidung bestellt worden, so nahm man nunmehr das Vorhandensein eines dinglichen Rechts, einer wahren, durch die ordentlichen Servitutenklagen geschützten Dienstbarkeit an.[40]) Allerdings wird dies bei gütlicher Einräumung wohl nur dann anzunehmen gewesen sein, wenn die schriftliche Form vorlag (ALR. I. 5 § 135), so daß mangels solcher Form nur eine dienstbarkeitsähnliche Beschränkung des Grundeigentums vorhanden war.

---

[35]) Koch, ALR. Anm. 9 zu I. 22 § 7; Dernburg a. a. O. I. S. 758; Eccius (abweichend von Foerster) a. a. O. S. 370 Anm. 46.

[36]) Dieser Ansicht ist Eccius, bei Foerster-E. a. a. O. S. 369 Anm. 39.

[37]) In diesem Sinne — auch für das Folgende — Koch, Notw. Serv. S. 237 f.; derselbe, ALR. Anm. 7 zu I. 22 § 3 (S. 1053); Dernburg a. a. O. S. 758 Anm. 17.

[38]) Dernburg a. a. O. S. 759 zieht mit Recht die Parallele zu der Bestimmung des Berggesetzes (§ 147) über die Abtretung zu Zwecken des Bergbaus.

[39]) Übrigens ist es auch sehr wohl haltbar, die gewöhnlichen Verfahrenskosten — wie Dernburg es tut — überhaupt mit zu der vom Eigentümer des berechtigten Grundstücks nach I. 22 § 4 zu leistenden „billigen Vergütung" zu rechnen.

[40]) Vgl. Koch, Notw. Serv. S. 236.

Hörte die Notdurft des begünstigten Grundstücks auf, so erlosch die Wegeservitut von selbst (ALR. I. 22 § 10); die Rentenpflicht hörte auf; hatte Kapitalabfindung stattgefunden, so war das Kapital zurückzuzahlen und der belastete Grundeigentümer hatte dann eben nur den Zinsgenuß gehabt.[41])

Als Ergebnis sei für das preußische Recht hiernach festgestellt:

Deutschrechtlichen Gedanken folgend, belastet das Gesetz den Grundeigentümer mit der allgemeinen Pflicht, gegen Entschädigung Einschränkungen zu dulden, die zur bestimmungsmäßigen Bewirtschaftung oder auch nur zum Zweck wesentlicher Verbesserungen des Nachbargrundstücks durchaus nötig sind; hierhin gehört namentlich der Notweg. Theorie und Praxis sehen diese Belastungen aber nicht als selbsttätig eintretende Erscheinungsformen des durch die Nachbarlage bedingten jeweiligen Eigentumsinhalts an, sondern folgen den Gepflogenheiten des gemeinen Rechts: aus dem Gesichtspunkt obrigkeitlicher Enteignungsbefugnis werden die nötigen Grundgerechtigkeiten, wenn sie nicht gutwillig bestellt werden, durch Richterspruch vermittelt. Hierbei geht die Entscheidung nicht unmittelbar auf Konstituierung der Dienstbarkeit, sondern sie schafft die Pflicht zur Dienstbarkeitseinräumung; in Verfolgung dieser Pflicht wird vollstreckungsweise die Servitut bestellt, die mit Fortfall ihrer Voraussetzungen von selbst erlischt.

2. Andere deutsche Partikularrechte:

Das bayrische Recht kannte — den gemeinrechtlichen Prinzipien folgend — im Gegensatz zum preußischen die Begründung von Dienstbarkeiten durch Richterspruch im Teilungsverfahren[42]) sowie in den Sachlagen, in denen ein Grundstück ohne die einem anderen Grundstück aufzulegende Notservitut unbrauchbar gewesen wäre, wobei der Notweg der gewöhnlichste, aber nicht der einzige Fall war[43]); außerdem konnte eine Servitut auch durch Verfügung der Verwaltungsbehörde bestellt werden, nämlich in gewissen Fällen der Triebweg zur Weide.[44])

Das badische Landrecht von 1809 behandelt den Notweg im Abschnitt über die „Durchfahrtsgerechtigkeit" (682 ff.) und

[41]) Foerster-Eccius a. a. O. S. 370; Koch, ALR. Anm. 13 zu I. 22 § 10.

[42]) Kreittmayr Anm. c zum bayr. LR. II. 7. 3.

[43]) v. Roth, Bayr. Zivilrecht II. 2. S. 21; vgl. auch Bayr. Entw. III Art. 183 (Anspr. von Eigentümer zu Eigentümer auf Einräumung einer Wegeservitut).

[44]) Bayr. Weidegesetz von 1852 Art. 3, dazu v. Roth a. a. O. S. 22 f.

bestimmt, daß der Eigentümer, dessen Grundstück durchaus mittelst anderer von der gemeinen Straße abgeschnitten ist, zur Benutzung seines Feldes einen Weg über die Grundstücke seiner Nachbarn fordern darf, wofür er Schadensersatz leisten muß. Es folgt dem noch zu besprechenden französischen Recht.

Nach sächsischem Recht (§§ 345 ff. des sächs. BGB.) konnte der Eigentümer von seinen Nachbarn die Gestattung eines Weges über ihre Grundstücke verlangen, wenn ohne einen solchen die wirtschaftliche Benutzung des Grundstücks nicht möglich war oder wenn der Aufwand für die Anlegung eines anderen als des von ihm verlangten Weges oder die aus dem Gebrauch eines anderen Weges entstehenden Beschwerden zu dem Nutzen, welchen sein Grundstück gewährte, in keinem Verhältnis gestanden hätten; eine willkürliche Änderung in der wirtschaftlichen Benutzung des Grundstücks gab ebensowenig wie das rein persönliche Bedürfnis des Eigentümers ein Recht auf den Notweg; dem Beschwerten mußte eine Entschädigung gezahlt werden; hatte jemand einem anderen ein Recht eingeräumt, zu dessen Ausübung ein Weg über das Grundstück des Einräumenden notwendig war, so wurde angenommen, daß der erforderliche Weg unentgeltlich zu gestatten sei; daher konnte bei Veräußerung eines Grundstücksteils der Erwerber, der keinen Weg hatte, unentgeltlich die Einräumung eines solchen vom Veräußerer verlangen, während dieser, wenn er in Wegenot kam, dem Erwerber einen Entgelt leisten mußte. Die Schaffung des Notweges erfolgte in der sächsischen Praxis durch richterliche Bestellung einer Servitut in einem nichtstreitigen Verfahren, trotzdem das Recht auf die Bestellung im Gesetzbuch mitten unter den Privatrechten behandelt ist.[45])

3. Recht der Ostseeprovinzen.[46])

Die gesetzlichen Beschränkungen des Grundeigentums, und zwar publizistische wie solche, die ein Privatrecht anderer schützen, sind in den dem deutschen Recht eigentümlichen Arten und Formen im Provinzialrecht der Ostseegouvernements Teil III (1864) vorhanden. Bekannt ist andrerseits die richterliche Servitutbestellung, wie sie der Richter kraft der ihm dazu gegebenen außerordentlichen Gewalt im Teilungsprozeß vornehmen kann[47]) (das betreffende richterliche Urteil ist in die Grundbücher einzutragen). Das besondere Recht des Notweges ist in die Kodi-

[45]) Vgl. hierzu Grützmann, Lehrb. des Kgl. Sächs. Privatrechts Bd. I § 77 S. 265 ff.; Kloß, Sächs. Landesprivatrecht (Ergänzungsband III zu Dernburgs Bürgerl. Recht) S. 118 f.

[46]) Vgl. hierzu Erdmann, System des Privatrechts der Ostseeprovinzen Liv-, Est- und Kurland II. S. 62 ff., 265 f., 72 f.; v. Broecker, Liv-, est- und kurländisches Privatrecht nach der Ausgabe von 1864 und der Forts. von 1890.

[47]) Prov.-R. III Art. 1253.

fikation des Provinzialrechts jedoch an keiner Stelle aufgenommen worden, so daß es als ausgeschlossen gelten muß, da Art. 874 dem Eigentümer das Recht gibt, jede (nicht besonders erlaubte) Einwirkung auf sein Grundstück Dritten zu untersagen.[48]) Kann also der abgeschlossene Grundeigentümer ein Wegerecht nicht durch gütliche Vereinbarung erlangen, so bleibt ihm nur die Möglichkeit, die Gemeinde resp. die höhere öffentliche Instanz um Konstituierung eines öffentlichen Feld- oder Dorfweges zu bitten.[49])

4. Französisches Recht.

Der Code civil behandelt die nachbarrechtlichen Grundeigentumsbeschränkungen als servitudes, qui dérivent de la situation des lieux oder als servitudes établies par la loi in Liv. II tit. IV: des servitudes ou services fonciers. Hierin handeln die Art. 682—685 du droit de passage. Sie lauten in ihrer durch ein Ges. vom 20. August 1881 geänderten Fassung[50]):

682. Le propriétaire dont les fonds sont enclavés et qiu n'a aucune issue [ou qu'une issue insuffisante pour l'exploitation, soit agricole, soit industrielle de sa propriété] sur la voie publique, peut réclamer un passage sur les fonds de ses voisins pour l'exploitation de son héritage, à la charge d'une indemnité proportionnée au dommage qu'il peut occasionner.

683. Le passage doit régulièrement être pris du côté où le trajet est le plus court du fonds enclavé à la voie publique.

684. Néanmoins il doit être fixé dans l'endroit le moins dommageable à celui sur le fonds duquel il est accordé.

[Si l'enclave résulte de la division d'un fonds par suite d'une vente . . ., le passage ne peut être demandé que sur les terrains qui ont fait l'objet de ces actes . . .; l'assiette et le mode de servitude de passage pour cause d'enclave sout déterminés par trente ans d'usage continu].[51])

685. L'action en indemnité dans le cas prévu dans l'article 682, est prescriptible; et le passage doit être continué quoique l'action en indemnité ne soit plus recevable.

Als eingeschlossen im Sinne des Art. 682 gilt das Grundstück nicht nur bei völliger Abgeschlossenheit, sondern auch dann, wenn ein für die — landwirtschaftliche oder industrielle — Be-

[48]) Das Vorliegen einer durch subsidiär geltendes Recht auszufüllenden Lücke wird nicht angenommen eben wegen der Bestimmung des Art. 874.

[49]) Erdmann a. a. O. S. 72 Anm. 4. Bei Teilungsprozessen könnte er natürlich den Richter um die Wegeservitut bitten.

[50]) Das Gesetz brachte zwei Einschaltungen, die im obigen Text gekürzt in Klammern [] gefaßt sind.

[51]) Vgl. zum folgenden Zachariä, Handbuch des französischen Zivilrechts (bearb. von Crome) 8. Aufl. § 180 S. 524 und die dort angegebene Literatur.

nutzung des Grundstücks hinreichender Zugang zur öffentlichen Straße fehlt.[52])

Der in Wegenot Befindliche kann also vom Nachbar verlangen, daß er ihm für die Dauer des Notzustandes einen Weg über sein Grundstück einräume. Bei der Einräumung ist die Entschädigung festzusetzen und zu zahlen. Nimmt der Berechtigte wirtschaftliche Veränderungen mit seinem Grundstück vor, so kann dadurch das Verlangen nach einer Änderung seines Wegerechts, z. B. nach Umwandlung eines Fußweges in einen Fahrweg (aber nicht nach Verlegung des Weges) gerechtfertigt sein. Das Verlangen muß immer auf einen bestimmten Weg und kann nicht auf beliebiges Überschreiten oder Überfahren des Nachbargrundstücks gerichtet sein. Bei der Wahl des Weges muß man auf die kürzeste Verbindung und auf die geringste Schädigung des Nachbars bedacht sein, und diese Rücksichten sollen auch bestimmend sein, wenn mehrere Nachbarn als mögliche Verpflichtete in Betracht kommen.

Ist die bisherige Wegrichtung dem belasteten Eigentümer zu beschwerlich geworden, so kann er Verlegung des Weges verlangen; man folgert dies aus Art. 701,[53]) der im Abschnitt über die rechtsgeschäftlich bestellten Servituten bestimmt, der Belastete dürfe, wenn die ursprüngliche Anweisung ihm beschwerlicher geworden sei oder ihn hindere, daselbst nützliche Ausbesserungen vorzunehmen, dem Berechtigten eine zur Ausübung seiner Rechte ebenso bequeme Stelle anweisen.

Ist die Eingeschlossenheit durch Abtretung von Grundstücksteilen erfolgt, so kann der Notweg nur vom Gegenkontrahenten verlangt werden. Ist ein Weg 30 Jahre hindurch als Notweg benutzt worden, so liegt ein gesetzlicher Erwerbstitel vor und der Belastete kann nicht mehr Verlegung des Weges auf das Grundstück eines anderen Nachbars verlangen; Notwegrecht und Notwegrichtung können also — was jedoch nicht unbestritten ist[53a]) — im französischen Recht ersessen werden.

Die Grundsätze über den Notweg sind nicht auszudehnen; wo also nicht besondere Vorschriften das Betreten fremder Grundstücke gestatten (z. B. Verfolgung eines Bienenschwarms, Weg zu Zwecken des Bergbaus), kann nicht etwa aus dem Rechtsinstitut des Notwegs durch Verallgemeinerung das Recht auf die Notservitut überhaupt hergeleitet werden, ebensowenig z. B. das dem französischen Recht nicht bekannte Recht, zur Ausbesserung eines Gebäudes ein Gerüst auf dem Nachbargrundstück zu errichten.[54])

---

[52]) Ein vorhandener Leinpfad z. B. kann als hinreichender Ausweg nicht angesehen werden; vgl. Entsch. d. RG. VI. S. 323 ff.

[53]) Zachariä (Crome) a. a. O. S. 526 Anm. 7a.

[53a]) Ebenda S. 526 f. und Anm. 8.

[54]) Zachariä (Crome) S. 528.

Ob die Bestimmungen des Code civil über den Notweg zur Folge haben, daß schon der Zustand der Not Recht und Pflicht zwischen den Nachbarn schafft, läßt sich aus den Worten „... peut réclamer un passage sur les fonds de ses voisins...“ nicht mit Sicherheit entnehmen. Theorie und Praxis haben es immer angenommen, gehen sogar bis zur Annahme, daß auch das dingliche Notwegrecht schon vom Eintritt der Wegenot ab besteht und daß die Parteivereinbarung oder das richterliche Urteil nur der Festlegung von Inhalt und Umfang des Rechts dienen.[55]) Vereinbarung oder Urteil sind namentlich zur Fixierung der Weglinie und zur Feststellung der Entschädigung nötig, aber das Recht auf den Weg ist schon vorher da und seine Ausübung, die erst nach Klarlegung des Rechtsinhalts erfolgen soll, hat, wenn sie vorher geschieht, keine Bestrafung wegen Wegfrevels zur Folge.[56]) Das, was man wohl noch Konstituierung[57]) des Wegerechts nennt, ist keine eigentliche Konstituierung mehr. Der behördliche enteignungsähnliche Schaffungsakt ist durch das Dasein der gesetzlichen Servitut überflüssig geworden. — Als Servitut ist das Notwegrecht jedenfalls — wenigstens nach seiner Stellung im Gesetzbuch, aber auch nach der Art seines Klagenschutzes — noch behandelt, wenn man es auch seiner inneren Natur nach mehr als Modifikation des Eigentumsrechts als wie als eine selbständige Gerechtigkeit ansieht.[58]) Dem Notwegberechtigten steht bei Ausübung seiner Servitut auch Besitz am Recht und demgemäß Besitzschutz zu, wenn er den Weg mindestens ein Jahr lang in einer bestimmten Richtung genommen hat.[59])

5. Schweizerisches Recht.

In den kantonalen Rechten der Schweiz findet sich eine große Zahl nachbarrechtlicher Eigentumsbeschränkungen, die sich ganz auf der Grundlage des deutschen mittelalterlichen Rechts — meistens als Überreste und Nachwirkungen der früheren Gemeinschaftlichkeit der Feldbewirtschaftung — erhalten und weiterentwickelt haben. Sie sind eine den Prädialservituten analoge Erscheinung und ein

---

[55]) Laurent, Principes de droit civil Bd. VIII. 3. Aufl. S. 98 ff. „Il n'y a qu'une chose à régler ... c'est l'exercice de la servitude...“ Vgl. Rüdenberg, Notwegrecht S. 44; Karding, Beiträge zur Lehre vom Notweg, im ArchZivPrax. Bd. 99 S. 408.

[56]) Zachariä (Crome) S. 525 Anm. 4 b. Entsch. des ROHG. XI. S. 28 ff. mit der ausdrücklichen Begründung, daß die auf die Tatsache des Notstandes sich gründende gesetzliche Servitut auch schon vor der genaueren Regulierung des Weges besteht.

[57]) Ebenda.

[58]) Vgl. Zachariä (Crome) § 159 Anm. 7 (S. 465).

[59]) Über diese nicht unbestrittene, aber von der neueren Jurisprudenz und Doktrin vertretene Ansicht vgl. Zachariä (Crome) ebenda und S. 525 Anm. 9; RG. VI. S. 324.

Teil der kantonalen Kodifikationen, namentlich die welschen Rechte, behandelte sie geradezu als gesetzliche Dienstbarkeiten (so Waadt, Wallis, Neuenburg, Tessin, auch Luzern und Solothurn), während andere (Bern, Aargau, Zürich, Schaffhausen, Zug und Glarus) sie im System von den Grunddienstbarkeiten trennten.[60]) Das Recht auf Gestattung eines Weges zur Vornahme einzelner bestimmter Handlungen kommt vor als Pflugwende-, Tret- oder Streckrecht,[61]) wonach der ackernde Nachbar auf dem anstoßenden Grundstück den Pflug wenden darf, als Reistwegrecht,[62]) wonach der Eigentümer einer Bergwaldung vom Eigentümer des unterhalb gelegenen Grundstücks an geeigneter Stelle den Durchlaß des Holzes verlangen kann, als Recht auf den Winterweg[63]) über das Nachbargrundstück für allerlei landwirtschaftliche Bedürfnisse bei Schlittenbahn und gefrorenem Boden, als Recht auf den Tränkweg[64]) und in ähnlichen Gestaltungen.[65])

In dem kantonal allgemeiner anerkannten und geregelten Notwegrecht sieht Huber[66]) wegen des damit verbundenen Dauerzustandes — allerdings wohl mehr tatsächlich als rechtlich — „geradezu eine Expropriation für private Zwecke". Das Zivilgesetzbuch hat in Art. 694 den Notweg einer zusammenfassenden Regelung unterzogen; die früheren Rechtszustände seien daher nur kurz gekennzeichnet: Die welschen Rechte enthielten im wesentlichen die Bestimmungen der Art. 682 ff. des Code civil, oft in wörtlicher Wiedergabe. Auch nach den übrigen Kantonalrechten konnte der Eigentümer eines Gebäudes oder eines landwirtschaftlichen Grundstücks das für den Zugang zum Gebäude oder für die landwirtschaftliche Ausnützung des Grundstücks notwendige Wegerecht vom Nachbar verlangen[67]) oder er durfte „die Zufahrt... über die Grundstücke des Nachbarn nehmen".[68]) Hierbei war dies Recht bisweilen ausdrücklich auf den Fall unumgänglicher Notwendigkeit beschränkt; der Weg sollte die kürzeste und unschädlichste Richtung nehmen; Zeit und Art seiner Benutzung sollten den Nachbar möglichst wenig belästigen; der Nachbar war zu entschädigen. War der Zugang infolge der Teilung einer Liegenschaft verloren gegangen, so waren zunächst die aus dieser Teilung entstandenen Grund-

[60]) Huber, System und Geschichte des schweiz. Privatrechts Bd. III S. 272 ff.

[61]) Derselbe S. 307.

[62]) Derselbe S. 313.

[63]) Derselbe S. 314.

[64]) Derselbe S. 315.

[65]) Das neue schweiz. Zivilgesetzbuch läßt auf diesen Gebieten das kantonale Recht bestehen (Art. 695).

[66]) A. a. O. S. 312.

[67]) Zürcher Ges. § 139; ähnlich Schaffhausen, Graubünden, Zug, Glarus, Solothurn, Aargau, Luzern, Thurgau, vgl. Huber a. a. O. S. 315 ff.

[68]) Recht von Baselstadt § 10, bei Huber a. a. O. S. 317 f.

stücke pflichtig, einander Weg und Steg zu geben[69]); hatte der des Notweges bedürftige Eigentümer ein ihm früher zugestandenes Wegerecht durch eigenes Verschulden verloren, so konnte er zwar trotzdem vom Nachbar Einräumung eines Notweges verlangen, mußte aber die doppelte Entschädigung dafür zahlen; hatte ein Grundstück durch Aufhebung einer öffentlichen Straße den Weg verloren, so behielt er das nötige Wegerecht über die verlassene Wegstrecke bis zu deren Einmündung in die öffentliche Straße, solange ihm nicht ein anderer ausreichender Weg unentgeltlich angewiesen wurde.[70]) Die Höhe der zu leistenden Entschädigung wurde mangels gütlicher Verständigung behördlich festgesetzt.[71]) Das Notwegrecht erlosch, sobald der Notstand aufhörte — etwa weil eine neue passende Straße angelegt worden war oder der Berechtigte ein Grundstück hinzuerworben hatte, das die Verbindung mit der Straße herstellte.[72])

Übrigens kommen in der Schweiz noch Flurgenossenschaften germanischer Herkunft vor, in denen die Anlegung von Flurwegen durch Mehrheitsbeschluß durchgeführt werden kann, so daß in solchen Fällen das Notwegrecht an Bedeutung verliert.[73])

Nunmehr gilt Art. 694 des Schweizerischen Zivilgesetzbuchs vom 10. Dezember 1907 mit folgender Bestimmung:

„Hat ein Grundeigentümer keinen genügenden Weg von seinem Grundstück auf eine öffentliche Straße, so kann er beanspruchen, daß ihm die Nachbarn gegen volle Entschädigung einen Notweg einräumen.

Der Anspruch richtet sich in erster Linie gegen den Nachbarn, dem die Gewährung des Notweges der früheren Eigentums- und Wegeverhältnisse wegen am ehesten zugemutet werden darf, und im weiteren gegen denjenigen, für den der Notweg am wenigsten schädlich ist.

Bei der Festsetzung des Notweges ist auf die beiderseitigen Interessen Rücksicht zu nehmen.“[74])

Hiernach steht dem Eigentümer (nicht dem Nießbraucher oder Pächter) gegen den Nachbar ein durch die Tatsache

---

[69]) Recht von Glarus § 28, bei Huber a. a. O. S. 316.

[70]) Zürcher Ges. §§ 141, 142, bei Huber a. a. O. S. 315 f.

[71]) Im Recht von Glarus (§ 28) durch die Schätzungskommission der Gemeinde und in zweiter Instanz durch die Landesschätzungskommission, wobei die Kosten der Gemeindeschätzung in allen Fällen von dem das Wegerecht begehrenden Grundeigentümer getragen wurden, während über die Kosten der Landesschätzungskommission diese selbst nach Maßgabe der Begründetheit des Rekurses entschied.

[72]) Huber a. a. O. S. 319.

[73]) Huber a. a. O. S. 319 f.

[74]) Zu den folgenden Ausführungen vgl. die Bemerkungen Wielands zu Art. 694 im Kommentar zum schweiz. Zivilgesetzbuch von Egger-Escher usw. Bd. IV (Sachenrecht).

der Notlage kraft Gesetzes gegebener privatrechtlicher Anspruch auf Einräumung eines Verbindungsweges zur öffentlichen Straße zu, wenn das Grundstück einen Zugang dorthin nicht hat oder eine Verbindung nur durch außergewöhnliche und teuere Anlagen hergestellt werden kann. Das Notwegrecht ist nicht unmittelbar durch das Gesetz begründet, wie dies bei den Wegerechten des Art. 695 (Betreten des Nachbargrundstücks zum Zwecke der Bewirtschaftung oder zur Vornahme von Ausbesserungen und Bauten, sowie Streck- oder Tretrecht, Tränkweg, Winterweg, Brachweg, Holzlaß, Reistweg und dergleichen) der Fall ist,[75]) vielmehr gibt das Gesetz nur die Befugnis, Schaffung des Wegerechts zu verlangen und diese Schaffung ist erst mit der Eintragung ins Grundbuch besorgt; darum hat der Eigentümer auch nicht das Recht, ohne weiteres das Nachbargrundstück zu betreten.

Die Eintragung setzt Parteivereinbarung oder behördliche Entscheidung voraus. Die Errichtung des Notwegs geschieht in Erfüllung einer privatrechtlichen Pflicht, hat also mit einem Enteignungsakt nichts gemein. Das eingetragene Notwegrecht ist keine Grunddienstbarkeit, sondern eine Eigentumsbeschränkung aus Nachbarrecht; es bedeutet eine Erweiterung der Eigentumssphäre des Berechtigten, eine Einschränkung der Eigentumssphäre des Nachbars, und zwar schränkt es nicht nur dessen Eigentum, sondern zugleich alle am belasteten Grundstück bestehenden dinglichen Rechte ein; darum nimmt es an der Rangordnung der bestehenden dinglichen Rechte nicht teil, sondern geht ihnen vor. Es ist keine Wegedienstbarkeit, wenn es auch inhaltlich dieselben Befugnisse gewährt. Doch sind die Vorschriften über Grunddienstbarkeiten gegebenenfalls entsprechend anzuwenden, z. B. die über schonende Ausübung (Art. 737), über das Recht des Belasteten, eine Verlegung zu verlangen (742), über die Folgen der Teilung des belasteten bzw. des berechtigten Grundstücks (743, 744) u. a.[76])

Die Klage auf Einräumung des Weges ist gegen sämtliche am Nachbargrundstück dinglich Berechtigten (z. B. auch Grundpfand-

---

[75]) Diese Rechte bedürfen zu ihrer Existenz nicht der Eintragung, doch werden sie, wenn sie von bleibendem Bestande sind, im Grundbuch von Amts wegen angemerkt (Art. 696).

[76]) Näheres s. Wieland a. a. O. S. 147 Bem. 4 a. E.; vgl. auch die Verordg. des schweiz. Bundesrats betr. das Grundbuch vom 22. Febr. 1910 (bei Reichel, Anwendungs- und Einführungsbestimmungen zum schweiz. Zivilgesetzbuch, Bd. VI. des zit. Kommentars, S. 195 ff.); darin sagt Art. 34: „Eigentumsbeschränkungen aus Nachbarrecht, deren Eintragung im Grundbuch nach Zivilgesetzbuch zugelassen (Durchleitungsrecht) oder für die Entstehung erforderlich ist (Notweg, Notbrunnen), sind gemäß den Bestimmungen über die Eintragung der Grunddienstbarkeiten einzutragen."

gläubiger, Nutznießer), soweit sie durch das Wegerecht beeinträchtigt werden, zu richten, da andernfalls das Notwegrecht solchen Rechten im Range nachstehen würde (Art. 812 Abs. 2).

Die vor oder gleichzeitig mit der Eintragung zu leistende Entschädigung ist durch Kapitalabfindung, nicht durch Rentenzahlung zu leisten[77]); mangels Abrede wird sie vom Richter nach freiem Ermessen bestimmt.

Die Klage braucht nicht gegen alle in Betracht kommenden Nachbarn gerichtet zu werden, jedoch hat der Verklagte die Einrede, daß einem anderen Nachbar die Wegeeinräumung weniger drückend sei. Im übrigen wird das Verfahren durch das kantonale Recht bestimmt.[78])

Fallen die Voraussetzungen des Notwegrechts auf irgendeine Art fort, so hat der Beklagte einen Anspruch auf Aufhebung der Last durch Löschung gegen Rückerstattung der empfangenen Entschädigung (die Last fällt also nicht ipso iure fort).

Dem Notweg nahe verwandt ist die Notleitung des Art. 691; hiernach hat jeder Grundeigentümer die Durchleitung von Brunnen, Drainierröhren, Gasröhren und dergleichen, sowie von elektrischen oder unterirdischen Leitungen gegen vorgängigen Ersatz des Schadens zu gestatten. Es handelt sich hierbei ebenfalls um eine Verpflichtung aus Nachbarrecht, die jedoch nur auf Verlangen des Berechtigten — auf seine Kosten — in das Grundbuch eingetragen wird (Art. 691 Abs. 3); das Recht entsteht also nicht mit der Eintragung, sondern — abgesehen vom Fall gütlicher Gestattung — mit der Rechtskraft einer richterlichen Entscheidung.[79]) Noch näher kommt dem Notweg das Recht auf den Notbrunnen;

---

[77]) Hat der Grundeigentümer sich durch eigenes Verschulden in Wegenot gebracht, so ist die Entschädigung höher zu bemessen; vgl. Wieland a. a. O. Bem. 6.

[78]) Das schweiz. ZGB. läßt die Kantonalrechte nur im Rahmen gewisser Vorbehalte bestehen (Art. 5); die betreffenden Gebiete sind daraufhin durch besondere kantonale Einführungsgesetze geregelt worden. Die Entscheidung in Notwegsachen liegt entweder bei den ordentlichen Gerichten oder bei Verwaltungsbehörden oder bei besonderen Kommissionen. Im einzelnen sei verwiesen auf nachstehende Einführungsgesetze: Aargau § 91 (Streitigkeiten über den Notweg entscheiden bei Flurgrundstücken die Flurkommissionen, bei den übrigen die ordentlichen Gerichte in beschleunigtem Verfahren); Appenzell Art. 108 (Weg und Entschädigung werden durch die Bezirksbehörde festgesetzt); Baselstadt § 170 (für den Anspruch auf Bestellung eines Notwegs sind die ordentlichen Gerichte zuständig); Glarus § 137 (über die Wegeinräumung entscheidet der Richter, über die Entschädigung die Landesschätzungskommission); Schwyz §§ 164 ff. (über die Einräumung entscheidet der Gemeinderat, gegen dessen Entscheidung Rekurs an den Regierungsrat nach den Bestimmungen des Administrativprozesses erfolgen kann; die Entschädigung wird im Streitfall durch den ordentl. Richter festgestellt); Nidwalden § 78 (Zuständigkeit des ordentl. Richters für Weg und Entschädigung).

[79]) Wieland a. a. O. Bem. 8 zu Art. 691.

nach Art. 710 kann der Eigentümer eines Grundstücks, das des für Haus und Hof notwendigen Wassers entbehrt, vom Nachbar, der ohne eigene Not ihm solches abzugeben vermag, gegen volle Entschädigung die Abtretung eines Anteils an Brunnen oder Quellen verlangen.[80])

6. Italienisches Recht.

Das mittelalterliche Recht Italiens zeigt in seinen gesetzlichen Eigentumsbeschränkungen ebenfalls die Weiterbildung germanischer Rechtsgedanken, Nachwirkungen des ursprünglichen Kommunismus an Immobilien.[81]) Fremde Grundstücke durften kraft Nachbarrechts betreten werden, z. B. zum Zweck der Ausbesserung von Gebäuden, der Ausführung eines Neubaus, des Wasserholens aus einer Quelle. Und der von der Straße abgeschlossene Grundeigentümer konnte vom Nachbar gegen angemessene Entschädigung die Einräumung eines Notweges verlangen.[82]) Italienische Statuten geben hierfür zahlreiche Belege[83]):

Stat. Mutinae (1327) IV. 49: Habentibus predia, que non tenent caput ad viam, licitum sit ire et redire per predia vicini cum bobus, aratro et plaustro.

Stat. Parm. (1255) p. 254: Einräumung des Weges hat zu erfolgen ... per eum locum, qui mihi (Obrigkeit) congruens visus fuerit, cum maiori commoditate petentis et minori incommoditate praestantis.

Verona (1228) 120: Cogam (Obrigkeit) vicinos vendere viam, unde melius et utilius mihi videbitur, sine detrimento dantis -- èi qui non habuerit viam ad suum fundum.

Jovea, l. mun. (1271): dem Richter wird die Macht gegeben ... sine solemnitate et strepitu iudicii et sine mora, simul cum duobus hominibus a partibus elegendis, ei assignari facere viam per proximiores possessiones vicinorum, facta prius per eum satisfactione (pretii) in arbitrio potestatis et duorum dictorum hominum.

Casale (1066): beim Fehlen eines Weges zum Weinberg ... potestas faciat ei assignari viam — ad minus damnum (dantis), et postquam assignata fuerit, vendi — prout extimata fuerit per estimatores.

[80]) Bedenklich erscheint die Ansicht Wielands, daß der Berechtigte Eintragung im Grundbuch verlangen könne; m. E. ist bei diesem Recht ebenso wie beim Notweg Eintragung für die Entstehung nötig, da es sich weder um ein durch das Gesetz unmittelbar begründetes Recht im Sinne des Art. 696 (begründet ist nur der Anspruch auf Abtretung) handelt noch — wie im Falle der Notleitung — die Eintragung dem Ermessen des Gläubigers ausdrücklich überlassen ist.

[81]) Schupfer, Il diritto privato dei popoli germanici con speciale riguardo all' Italia, II S. 104 ff., 112.

[82]) Pertile, Storia del diritto italiano, IV § 145 S. 370 ff.

[83]) Zum folgenden siehe Pertile a. a. O. S. 371 Anm. 2 und 3.

Stat. Gemin. (1255) II. 35: zwei Nachbarn als Abschätzer zugezogen.

Justinop. II. 32: ... potestas mittat iudices vel aestimatores, et unde eis melius visum fuerit, et minus alicui noceat, viam assignet, pretio tamen competenti soluto.

Hiernach war es also — wenn man vom Wortlaut der Stat. Mutinae, die auf ein sogleich vorhandenes und ausübbares Nachbarrecht hinzuweisen scheinen, absieht, — in der Regel die Verwaltungsobrigkeit, die selbst oder unter Zuhilfenahme des Gerichts sowie sachverständiger Gemeindemitglieder oder einer Schätzungskommission den Weg zuwies bzw. seinen Verkauf erzwang. Diese Art der Durchführung des deutschrechtlichen Nachbarrechtsgedankens erinnert damit stark an die römische und die gemeinrechtliche Praxis.

Das zurzeit geltende italienische Zivilgesetzbuch (Codice civile del regno d'Italia von 1865) behandelt den Notweg in den Art. 593 ff. im Abschnitt über gesetzliche Grunddienstbarkeiten (lib. II tit. III sezione I: „delle servitù stabilite dalla legge"): Der Eigentümer des vom öffentlichen Wege abgeschnittenen Grundstücks kann — sei es, daß es gar keinen Zugang hat oder einen solchen nur mit großem Aufwand herstellen könnte — für die ordnungsmäßige Bewirtschaftung vom Nachbar einen Weg verlangen; hierbei ist auf möglichste Kürze des Weges und möglichst geringe Schädigung des zu Belastenden Rücksicht zu nehmen. Ist die Isoliertheit des Grundstücks durch Verkauf, Tausch oder Teilung verursacht, so hat sich der Eigentümer an seine Gegenpartei wegen der Wegeinräumung zu halten. Für den Weg ist eine Entschädigung zu zahlen. Mit Fortfall der Notlage erlischt das Wegerecht; die Entschädigungssumme ist dann zurückzuerstatten; sollte statt ihrer eine jährliche Rente vereinbart sein, ist deren Lauf beendigt.

Danach gibt also die Tatsache der Wegenot das Recht, vom Nachbar — ohne notwendige Anrufung des Gerichts oder einer sonstigen Behörde — Abhilfe zu fordern.

7. Englisches Recht.

Ein Notwegrecht im eigentlichen Sinne ist dem englischen Common law nicht bekannt. Berechtigungen, in einer bestimmten Weise von einem fremden Grundstück Gebrauch zu machen, heißen easements und kommen vor zugunsten bestimmter Grundstücke (easements appurtenant, zum Grundstück gehörig); einen Gegensatz hierzu bilden die nicht auf Einräumung oder Ersitzung, sondern auf dem gemeinen Recht beruhenden Grundstücksansprüche (common law rights), die als natural easements (z. B. Recht jedes Grundstücks, in seinem Erdkörper durch das Nachbargrundstück gestützt zu sein) nicht dingliche Rechte an einem fremden

Grundstück, sondern wesentliche Bestandteile in solo proprio sind.[84]) Bei diesen letzteren käme das Notwegrecht nicht in Frage, es berührt sich vielmehr mit den eigentlichen Grunddienstbarkeiten, denn das englische Recht kennt easements, die geschaffen werden by implication of law und bei denen es ein herrschendes und ein dienendes Grundstück (dominant tenement und servient tenement) gibt; insbesondere gibt es auch derartige durch das Gesetz vermittelte Wegerechte (rights of way arising by implication of law)[85]) und unter ihnen findet sich auch der sog. way of necessity. Eine solche Notwegeinräumung von Grundstück an Grundstück kommt jedoch nur in Frage, wenn die beiden Grundstücke ursprünglich in der Hand eines Eigentümers vereinigt gewesen waren und durch dessen Disposition getrennt worden sind. Das englische Recht legt also in den Inhalt solcher Teilveräußerungen die stillschweigende Bewilligung bzw. Reservation eines Wegerechts (implied grant and implied reservation)[86]) hinein und zieht hieraus als Folge die gesetzliche Einräumungspflicht.[87]) Dagegen kann ein Notweg über Grundstücke Dritter nicht beansprucht werden. Auch jener erwähnte Notweg kann nur bei völliger Abgeschlossenheit verlangt werden[88]); die Auswahl der Wegrichtung hat der Veräußerer, der hierbei auf das Interesse des Anderen tunlichst Rücksicht nehmen muß.[89])

Der way of necessity wird begründet wie jedes andere dingliche Recht an Immobilien, d. h. durch Vertrag und Besitzeinweisung, da das Grundbuchsystem in England noch nicht voll durchgeführt ist.[90]) Nach Einräumung liegt eine geschützte Dienstbarkeit vor; ob sie Besitzschutz genießt, erscheint nicht zweifelsfrei.[91])

Das Notwegrecht erlischt, wenn der Berechtigte eine andere Zugangsmöglichkeit erwirbt.[92])

8. Russisches Recht.[93])

Das russische Zivilrecht, wie es im 10. Band des Swod Sakonow, eines Gesetzeskodex des russischen Reiches vom Jahre 1835, enthalten ist, weist unter den zahlreichen nachbarrechtlichen

---

[84]) Schirrmacher, Das bürgerl. Recht Englands (Kommentar zu einer Privatkodifikation) § 40 S. 192 und Anm. 24; auch Wertheim, Wörterbuch des engl. Rechts, s. v. „easement".

[85]) Earl of Halsbury, The laws of England, XI S. 251 ff., 288 ff.

[86]) Laws of England XI S. 252 Nr. 507.

[87]) Es kennt also nur den Notwegfall des § 918 Abs. 2 unseres BGB.

[88]) Auch vom Pächter, Laws S. 290 Nr. 566.

[89]) Ebenda S. 290 f. Nr. 568.

[90]) Heymann, Überblick über das engl. Privatrecht, in Holtzendorff-Kohlers Enzykl. 7. Aufl. Bd. II S. 320 ff.

[91]) Vgl. über das Recht der Dienstbarkeiten Holmes, Das gemeine Recht Englands und Nordamerikas (übers. v. R. Leonhard) S. 242 f., 387 ff.

[92]) Laws of England, XI S. 291 Nr. 569.

[93]) Vgl. dazu Leuthold, Russ. Rechtskunde (1889) S. 118 f.; Klibanski, Handbuch des gesamten russ. Zivilrechts (1911) Bd. I S. 173 f.

Eigentumsbeschränkungen auch das allgemeine Recht auf den Notweg auf. Der Art. 448 des 10. Bandes bestimmt[94]):

„Der Besitzer, welchem die Nutzung von Ländereien und Gewerben auf ländlichen Staats- und Privatbesitzungen zusteht, hat das Recht des Gehens und Fahrens zu denselben.“

Dieses Recht ist in gleicher Weise dem Eigentümer wie dem Nießbraucher oder Pächter gegeben und wird auch bei städtischen Grundstücken anerkannt; es setzt jedoch eine absolute Notlage voraus, d. h. die Unmöglichkeit, auf andere Weise zur eigenen Besitzung zu gelangen; ist der Zugang auf andere Art — wenn auch mit noch so großen Kosten und Unbequemlichkeiten — herstellbar, so kann er nicht über fremden Grund und Boden verlangt werden; das Notwegrecht ist außerdem, wenn seine Voraussetzungen wirklich vorliegen, ohne Rücksicht auf etwaige Beschwerlichkeiten für den Berechtigten so auszuüben, daß für den Belasteten die denkbar geringsten Unzuträglichkeiten entstehen. Kleine Durchfahrtwege durch fremde Besitzungen zu abseits liegenden Weiden, Heuwiesen, Wäldern und anderen Nutzbarkeiten, zum Viehtrieb und zu den Flüssen zur Viehtränke müssen eine Breite von 3 Faden haben.[95]) Wo Wege nicht vorhanden sind, sind sie neu herzustellen, jedoch ohne Antastung eingezäunter Grundstücke und ohne Beeinträchtigung von Gebäuden.[96]) Geht infolge Veränderung des Laufes eines Flusses oder Bachs, der die Grenze eines Grundstücks bildete, einem der Nachbarn die Viehtränke verloren, so ist ebenfalls ein Anspruch auf Einräumung eines Notweges gegeben.[97]) Von einer Entschädigungspflicht ist nichts gesagt.

9. Im montenegrinischen Recht[98]) schließt sich an die Bestimmungen über das Eigentum vor dem Kapitel über die Servituten ein solches über das Nachbarrecht an. Hierin ist auch das Notwegrecht normiert — und zwar unter größerer Rücksichtnahme auf den in Wegenot befindlichen Teil, als dies im russischen Recht geschehen ist: Für Ländereien oder Gebäude, die von fremden Grundstücken eingeschlossen und dadurch vom öffentlichen Weg abgeschnitten sind, kann ein Notweg über fremden Grund und Boden verlangt werden — und zwar je nach Bedarf als Fußsteig, Viehtrift oder auch ohne jede derartige Beschränkung; der Weg ist so zu wählen, wie er für den Berechtigten am bequemsten und für den Belasteten am wenigsten störend ist; als Entschädigung ist eine durch Sachverständige festzusetzende einmalige Abfindungssumme zu zahlen.

---

[94]) In der Übersetzung Klibanskis.
[95]) Art. 449.
[96]) Art. 450.
[97]) Art. 451.
[98]) Vgl. Code général des biens pour la principanté de Monténégro de 1888 (Dareste-Rivière) Art. 115, 116.

10. Österreichisches Recht.

Der Notweg war der älteren österreichischen Gesetzgebung bekannt und ist im allgemeinen Gesetzbuch von 1811 nicht infolge bewußter Ablehnung, sondern infolge eines redaktionellen Versehens fortgelassen.[99]) Die gesetzgeberische Regelung des Eigentumsinhalts bot auch keine naheliegende Möglichkeit, ein derartiges Wegerecht auf Grund der allgemeinen Bestimmungen wenigstens praktisch zuzulassen, zumal in der Theorie von einem Teil der Schriftsteller die Ausschließlichkeit und Unbeschränktheit des Eigentums nachdrücklichst betont und jede nicht ausdrücklich vom Gesetz zugelassene Einengung für begriffswidrig erklärt wurde.

Nach § 354 ist Eigentum die Befugnis, „mit der Substanz und den Nutzungen einer Sache nach Willkür zu schalten und jeden anderen davon auszuschließen". Dieser starre Begriff bekommt allerdings beweglichere Grenzen durch § 364: „Überhaupt findet die Ausübung des Eigentumsrechtes nur insofern statt, als dadurch weder in die Rechte eines Dritten ein Eingriff geschieht noch die in den Gesetzen zur Erhaltung und Beförderung des allgemeinen Wohles vorgeschriebenen Einschränkungen übertreten werden."[100])

Diese letztere ziemlich vage Bestimmung würde es allenfalls rechtfertigen, wenn man das Betreten fremder Grundstücke in Fällen einer vorübergehenden Nötigung für erlaubt hielte, doch war sie nicht geeignet, den Anspruch auf einen Notweg von Dauer zu begründen.[101])

Eine ausdrückliche, geschlossene Regelung des Nachbarrechts fehlt dem österreichischen Recht. Es kennt zwar die Belastung des Flußufereigentümers, Eigentumsbeschränkungen durch Vorflutbestimmungen, durch Bildung von Wassergenossenschaften, durch Überfahrt, Schwemmen und Flößen von Waldprodukten, durch Bienenschwarm- und Tierverfolgung, durch Jagdausübung und bergrechtliches Schürfen,[102]) aber das Pflugwende- und Kehrrecht, das Leiterrecht, das Abstandsrecht bei gewissen Baulichkeiten und Anlagen, das Verbot gefährlicher Anlagen u. a. sind nicht bekannt.

Bei diesem Mangel nachbarrechtlicher Vorschriften wurde es namentlich bei der Frage der Zulässigkeit von Immissionen streitig,

[99]) Menzel a. a. O. S. 217.

[100]) Vgl. zum österr. Eigentumsbegriff Randa, Das Eigentumsrecht nach österreich. Rechte Bd. I; Unger, Die Lehre vom österreich. Nachbarrechte in GrünhZ. Bd. XIII S. 715 ff.; Krainz-Pfaff-Ehrenzweig, System des österreich. allg. Privatrechts, 5. Aufl. Bd. I § 192 S. 531 ff.

[101]) Vgl. Randa a. a. O. S. 102; Menzel a. a. O. S. 217.

[102]) Randa a. a. O. S. 97 ff.; die Geltendmachung dieser Rechte erfolgt übrigens in der Regel nicht durch eine Zivilklage, sondern auf die Beschwerde des Beeinträchtigten durch Intervention der Verwaltungsbehörde, Randa S. 101 f.

wieweit einerseits die Betätigungs-, andrerseits die Verbietungsbefugnisse der Grundstücksnachbarn reichten. In der Hauptsache stehen einander hier die Ansichten von Randa und Unger gegenüber.[103]) Randa tritt für die weitestgehende Handlungsfreiheit des Eigentümers und für willkürliche Ausnützbarkeit des Eigentums ein[104]); er lehnt jede nicht ausdrücklich normierte nachbarrechtliche Beschränkung ab und will der positiven tätigen Ausübung des Eigentumsrechts nur da eine Schranke ziehen, wo die Handlung den Inhalt einer Servitut bildet und der belästigte Nachbar sie darum auf Grund des § 523 verbieten kann.[105]) Demgegenüber betont Unger[106]) mehr die Unterordnung des Individualeigentums unter soziale Rücksichten, hält Störungen des Nachbars, die das Maß des Gewöhnlichen und Ortsüblichen überschreiten, für unzulässig und den Nachbar folgerichtig für verpflichtet, (mittelbare) Eingriffe, die weder schädlich noch lästig sind, zu dulden.

Da das Notwegrecht gesetzlich nicht erwähnt und auch unter besonderer Anwendung des § 364 nicht zu begründen war, mußte der Erwerber eines Grundstücks darauf bedacht sein, sich Zugang oder Zufahrt, soweit diese nötig waren, vertraglich zu sichern, wobei natürlich auch gegebenenfalls die Auffassung möglich gewesen wäre, daß ihm ein solcher Weg kraft stillschweigender Abmachung aus dem Inhalt des Grundstücksveräußerungsvertrages (z. B. bei Verkauf eines Grundstücksteils) geschuldet werde. Letzten Endes blieb ihm noch das Mittel, sich an die Gemeinde zu wenden als an diejenige Behörde, die für die nötige Kommunikation zu sorgen hatte.[107]) Ausdrückliche Befugnis zur Bestellung von Notwegen hatte die Verwaltungsbehörde (auf Grund analoger Anwendung des § 24 des Forstgesetzes vom 3. Dezember 1852), wenn Elementarereignisse den bisherigen Weg unbrauchbar gemacht hatten[108]); und bei der Enteignung zu Eisenbahnanlagen mußte die enteignende Behörde eventuell für die Beschaffung eines anderen Zugangs sorgen.[109])

Für die Praxis hätte die Frage nahegelegen, ob der Notweg nicht schlechthin im Wege der Enteignung begründbar sei. Den Hinweis auf Enteignungsmöglichkeiten enthält § 365: „Wenn es

---

[103]) Vgl. dazu Kornitzer, Zur Theorie des österr. Nachbarrechts, in GrünhZ. Bd. 22 S. 625 ff.

[104]) A. a. O. S. 106 ff.

[105]) Jedenfalls soll aus privatrechtlichem Titel nur in solchen Fällen ein Verbietungsrecht gegeben sein, während die das Gemeinwohl wahrende Verwaltungsbehörde auch gegen andere ungewöhnliche Belästigungen einschreiten könnte, Randa S. 106.

[106]) A. a. O. insb. S. 726.

[107]) Randa a. a. O. S. 102.

[108]) Allerdings handelt es sich hier um eine nur vorübergehende Last, vgl. Menzel a. a. O. S. 217.

[109]) Randa a. a. O. Anm. 20 zu § 5.

das allgemeine Beste erheischt, muß ein Mitglied des Staates gegen eine angemessene Schadloshaltung selbst das vollständige Eigentum einer Sache abtreten." Die Enteignung setzt das Vorliegen eines öffentlichen Interesses und das Vorhandensein eines sie ermöglichenden Staatsgesetzes voraus. Das letztere war in § 365 gegeben.[110]) Ein öffentliches Interesse hätte bei der Bestellung eines Notweges für eine vereinzelte Privatperson bestritten werden können, jedoch mit Unrecht: denn „die Duldung von Notwegen gegen Entschädigung liegt im Interesse der Agrikultur, darum im allgemeinen Interesse".[111]) Es wäre danach die Möglichkeit der expropriationsweisen Bestellung von Notwegen im Wege des Verwaltungsverfahrens vorhanden gewesen.

Allein man schlug diesen Weg nicht ein. Vielmehr erging am 7. Juli 1896 ein umständliches Sondergesetz betr. die Einräumung von Notwegen.[112])

Nach dem § 1 dieses Gesetzes kann der Grundeigentümer in jenen Fällen, in denen für die Befriedigungen des Wegebedürfnisses nicht die Voraussetzungen der Enteignung oder unentgeltlichen Gestattung nach § 365 des Allg. bürg. Gesetzbuchs oder nach sonstigen hierfür erlassenen Gesetzen eintreten, die gerichtliche Einräumung eines Notweges über fremde Liegenschaften (d. i. der Servitut des Fußpfades, Viehtriebes oder Fahrweges oder die Erweiterung solcher bereits bestehender Wegerechte) gegen Entschädigung nach den Bestimmungen des Gesetzes begehren, und der Nachbar muß demnach die Ausübung eines solchen Notwegrechtes dulden.[113])

Das Gesetz hat also nicht durch Festsetzung einer Duldungspflicht die Notweglast als Folge einer nachbarrechtlichen Beschränkung des Eigentumsinhalts hingestellt, sondern es macht sie zu einer durch richterliches Urteil begründeten Wegedienstbarkeit entsprechend jenen Servituten, deren Bestellung bei der Teilung gemeinschaftlicher Grundstücke erfolgte.[114])

Voraussetzung für das Notwegbegehren ist, daß dem betreffenden Grundstück die für die ordentliche Bewirtschaftung oder Benützung nötige Verbindung mit dem öffentlichen Wege fehlt oder daß sie als unzulänglich erscheint (§ 1 des Ges.); jedoch ist

---

[110]) Darüber, daß diese Bestimmung durch Art. 5 des österreichischen Staatsgrundgesetzes nicht aufgehoben ist, Menzel a. a. O. S. 218 f.

[111]) Menzel a. a. O. S. 218; vgl. auch Jhering, Zweck im Recht I S. 513; Unger, Handeln auf eigene Gefahr, 2. Aufl. S. 12; mit solcher Begründung war man u. a. zu der Enteignung für Bergbautreibende, Waldbesitzer, Fischereiberechtigte gekommen.

[112]) Kritik dieses Gesetzes bei Menzel S. 229 ff.

[113]) Vgl. Stubenrauch, Komm. zum österr. allg. BGB. 8. Aufl. zu § 364 S. 440 f. und Anm. 1 ebenda sowie die dort angeführte Rechtsprechung.

[114]) Menzel S. 230; Demelius, Grundriß des Sachenrechts S. 49 (im Grundr. d. österr. Rechts von Finger-Frankl-Ullmann I. 3).

in mancherlei Ausnahmefällen ein Recht auf den Notweg nicht gegeben, z. B. auch dann nicht, wenn der Mangel der Wegeverbindung auf eine nach dem Inkrafttreten des Gesetzes eingetretene auffallende Sorglosigkeit des Grundeigentümers zurückzuführen ist (§ 2 Abs. 1).[115] Die gerichtlich bestellte Servitut ist ins Grundbuch einzutragen (§ 17).[116]

Die Entschädigung des Beschwerten erfolgt nicht durch Renten-, sondern durch Kapitalzahlung (§ 5); die Summe haftet den am Grundstück Realberechtigten.

Das Verfahren ist in den §§ 9 ff. umständlich geregelt: Es findet vor dem Bezirksgericht statt, das alle Privatinteressenten, Sachverständige und die Verwaltungsbehörde mit heranzieht; soweit die gegebenen Sondervorschriften für das Verfahren nicht ausreichen, sollen die Grundsätze des Verfahrens der freiwilligen Gerichtsbarkeit zur Anwendung kommen.

Die so geschaffene Dienstbarkeit weicht in mancherlei Punkten vom Recht der gewöhnlichen Dienstbarkeiten ab.[117] Sie ist als privatrechtliches Institut doch wesentlich nach Art eines öffentlichrechtlichen Verhältnisses — in Anlehnung an das Eisenbahnenteignungsgesetz — geordnet, und Menzel kommt in seiner kritischen Würdigung zu dem Schluß,[118] daß jenes österreichische Gesetz in den Grundideen des Notwegrechts zu keiner Klarheit gelangt ist.

11. Ungarisches Recht.

Bemerkenswert sind die Bestimmungen des Gesetzentwurfs eines Bürgerlichen Gesetzbuchs für Ungarn.[119] Das Notwegrecht ist hier im Abschnitt „Eigentum", nicht im Abschnitt „Dienstbarkeiten" geregelt.

Das Wesentliche der betreffenden Bestimmungen (§§ 406 ff.) ist: Das Notwegrecht tritt auf als Befugnis, vom Nachbar Duldung zu fordern; keine besondere Funktion des Richters bei der Feststellung von Wegrichtung und Umfang der Benutzung; Regelung des Rentenrechts und Gleichstellung mit der subjektivdinglichen Reallast; Einführung des Besitzschutzes unter Herstellung einer Analogie zu den Grunddienstbarkeiten.

Diese Bestimmungen des ungarischen Entwurfs entsprechen im wesentlichen denen unseres deutschen Bürgerlichen Gesetzbuchs und schaffen in der Frage des Besitzschutzes übrigens einen sicheren Anhalt, während unser BGB. über diesen Punkt eine ausdrückliche Bestimmung nicht enthält.

[115]) Dazu Menzel S. 230.

[116]) Eine Vorschrift, in der Menzel (S. 236) eine Übertreibung des Publizitätsprinzips sieht.

[117]) Im einzelnen s. Menzel S. 230.

[118]) S. 241.

[119]) Veröffentlicht durch das königl. Ungarische Justizministerium 1914.

E. Theorien zur Lehre vom Notweg.

Die geschichtliche und vergleichende Betrachtung hat gezeigt, daß das Notwegrecht auf zwei ganz entgegengesetzte Arten zur konkreten Befugnis werden kann: entweder es ist als Folge einer Tatsachenlage von vorneherein in voller dinglicher Wirksamkeit vorhanden oder es muß behördlich aus dem Nichts geschaffen werden. Zwischen diesen beiden Endpunkten liegen mancherlei Variationen, die von dieser oder jener Rechtsordnung einem fest ausgeprägten Endstandpunkt vorgezogen worden sind.

Das römische Recht wurde bestimmend für die behördliche Schaffung der Servitut: ein singulärer, mit sakralen Rücksichten behandelter Fall, dessen Verallgemeinerung wenig bezeugt und auch kaum nötig gewesen ist, hatte dazu geführt, daß man eine private Wegegerechtigkeit in Anlehnung an das Verwaltungsverfahren und an den Gedanken obrigkeitlicher Enteignungsbefugnis durch Richterspruch bestellte. Die deutschen mittelalterlichen Agrarverhältnisse andrerseits und die durch sie bedingte besondere Auffassung von Nachbarrechten und Nachbarpflichten hatten die Folge gehabt, daß man das Recht auf den nötigen Weg und die Pflicht, ihn herzugeben, mit in den Inhalt des Grundeigentums einschloß, daß man es also im Bedarfsfalle als vorhanden ansah und ihm behördliche Unterstützung nur zur besseren Durchführung angedeihen zu lassen brauchte. Zwischen diesen beiden Regelungen schwanken in der weiteren Rechtsentwickelung Gesetzgebung, Theorie und Praxis: Man gab dem Wegebedürftigen nur einen publizistischen Anspruch auf Schaffung eines Wegerechts durch den Richter oder die Verwaltungsbehörde (gemeines Recht, bayrisches, französisches und ähnlich auch sächsisches Recht) oder man gab ihm einen privatrechtlichen Einräumungsanspruch gegen den Nachbar, ließ das Wegerecht aber erst durch behördliche Bestellung (und Eintragung) entstehen (französisches Recht) oder man faßte den privatrechtlichen Anspruch von Nachbar zu Nachbar erst als Folge eines richterlichen Urteils auf, das den Nachbar schuldig sprach (preußische Praxis) oder man bekannte sich zu der Auffassung, daß die Tatsache der Notlage sogleich das Recht auf den Notweg schafft, dieser aber zur Entstehung einer ausdrücklichen Einräumung durch den Nachbar und einer Eintragung bedarf (schweizerisches Recht) oder man ließ endlich aus der Notlage das volle Recht entstehen und maß der möglicherweise nötigen richterlichen Entscheidung nur ordnende und festsetzende Wirkung für den Inhalt und den Umfang des Wegerechts bei (so offenbar das russische Recht, der ungarische Entwurf und — wie noch gezeigt werden soll — das deutsche BGB.). Allen diesen Rechten ist gemeinsam, daß der endgültig festgelegte Weg entweder eine Grunddienstbarkeit ist oder zwar nicht als eine solche anzusehen, aber ähnlich zu behandeln ist.

Bei dieser Vielheit von Auffassungsmöglichkeiten ist es begreiflich, daß sich in der Rechtswissenschaft bei der Lehre vom Notweg mehrere Theorien herausgebildet haben, die teils die legislative Rechtfertigung dieses Instituts zu erbringen, teils seine juristischen Grundlagen festzustellen suchen. Sie seien hier kurz erwähnt. Es ist dabei zu beachten, daß solche Theorien in einem Fall wie diesem ihre eigentliche Bedeutung allerdings nur bei Erwägungen haben, die man de lege ferenda anstellt; jedoch auch de lege lata können sie wertvoll sein: einerseits für die Prüfung einer gesetzlichen Regelung auf die Geschlossenheit und Folgerichtigkeit der einzelnen Bestimmungen, andrerseits und vor allen Dingen aber für die Ergänzung des Gesetzes durch richtige analoge Rechtsanwendung.

Die Notstandstheorie sucht den Grund für die dem Wegeberechtigten zugestandenen Befugnisse in der ihm drohenden Gefahr, durch die Unmöglichkeit der Bewirtschaftung sein ganzes Grundstück zu verlieren.[1]) Der Notweg soll also seine Rechtfertigung durch dieselben Erwägungen erhalten, wie etwa die Nothilfehandlung des § 905 BGB. Schon Menzel[2]) hat zutreffend dagegen geltend gemacht, daß es sich beim eigentlichen Notstandsbegriff um die Deliktslosigkeit einer bestimmten Einzelbetätigung, etwa des plötzlichen Betretens eines fremden Grundstücks in drohender Gefahr handelt, beim Notweg dagegen nicht ein momentaner Interessenkonflikt, sondern „eine vielleicht immerwährende Abgrenzung der beiderseitigen Rechtssphären" in Frage kommt.[3]) Eine Notwegbenutzung wäre also mangels einer gesetzlichen Zulassung dieses Rechtsinstituts jedenfalls aus dem Gesichtspunkt der Notstandshandlung regelmäßig nicht zu rechtfertigen.

Die Billigkeitstheorie stützt sich auf die Forderung der aequitas und wurde zumal von Naturrechtlern zur Begründung außerordentlicher Befugnisse benutzt.[4]) Im Anschluß an Dig. 39. 3. 2. 5 (Recht einen beschädigten Damm auf dem Nachbargrundstück instandzusetzen) stellte man den Satz auf: quod tibi non officit et alteri prodest, praestare te oportere. Bei den Vorarbeiten zum österreichischen Gesetzbuch glaubte man eine Pflicht zur

---

[1]) Elvers, Themis I S. 87; Rud. Merkel, Die Kollision rechtmäßiger Interessen und die Schadensersatzpflicht, S. 70: „er muß diesen Weg gehen, sonst ist er wirtschaftlich ruiniert und deshalb darf er ihn gehen".

[2]) A. a. O. S. 242.

[3]) Zutreffend ist an dieser Theorie natürlich, daß die Rücksicht auf eine bedenkliche Notlage zur gesetzlichen Abhilfe geführt hat, doch handelt es sich nicht um einen Notstand im gesetzestechnischen Sinne.

[4]) Grotius, de iure belli et pacis II. 2 § 11; Wolff, ius nat. Bd. 5 § 686.

Duldung des Notwegs ohne besondere Servitutenbestellung aus jenem Satz folgern zu können, „weil das Gesetz weder Neid noch Schadenfreude unterstütze".[5]) Abgesehen davon, daß der Notweg durchaus nicht immer für den Belasteten unschädlich ist, ist es nicht angängig, ihn aus einem derart allgemeinen und in der Rechtsordnung gar nicht ausdrücklich vorhandenen Satz herzuleiten.

Zwei Theorien, deren jede als geeignete gesetzgeberische Richtlinie für die Regelung des Notwegrechts und zugleich als Erklärungsmittel für die juristische Grundlage, für den Zeitpunkt und die Art der Entstehung sowie für die Natur des Rechts auf den Notweg und des konkretisierten Wegerechts gelten darf, sind die Enteignungstheorie und die Nachbarrechtstheorie. Die erstere ist diktiert von der Auffassung, daß der Notweg eine von Fall zu Fall durch einen Akt der Obrigkeit dem Eigentum gegen Entgelt aufgelegte, durch das Vorliegen eines öffentlichen Interesses gerechtfertigte Last sei.[6]) In diesem Sinne hat sich besonders Laband[7]) ausgesprochen; nach seiner mit der Theorie des gemeinen Rechts übereinstimmenden Lehre bedeutet das Recht auf den Notweg eine partielle Expropriationsbefugnis, die richterliche Servitutbestellung einen Enteignungsakt. Man wird diese Theorie auch gegenüber einer Regelung, wie sie das deutsche BGB. bringt, noch vertreten dürfen — wenn auch nicht ohne Gewaltsamkeiten gegen einzelne gesetzliche Bestimmungen, oder man müßte sich darauf beschränken, zu sagen, das Gesetz habe nicht auf jener Grundlage gebaut, die für die Notwegbefugnis latent im Gefüge der Rechtsordnung vorhanden gewesen sei.

Die Nachbarrechtstheorie in dem Sinne, den man ihr beizulegen pflegt,[8]) wurzelt im Boden deutschen Rechts: die ehemalige gemeinschaftliche Berechtigung am Grund und Boden wirkt noch nach auf den Inhalt des Individualeigentums — derart, daß namentlich Grundstücksnachbarn, die ja in vielen Dingen aufeinander angewiesen sind, manches zu unterlassen und manches zu dulden haben. Rechte und Pflichten ergeben sich hierbei ipso iure in ihrer Dinglichkeit und gehören zum Inhalt des Grundeigentums, so daß die Bezeichnung „Legalservituten" irreführend ist.

Menzel hat den interessanten Versuch gemacht, beide Theorien mit allen ihren Konsequenzen einander gegenüberzustellen[9]); die Hauptsätze, die sich dabei ergeben, sind in aller Kürze folgende:

---

[5]) Vgl. Menzel a. a. O. S. 242.

[6]) Menzel a. a. O. S. 253.

[7]) Die rechtliche Natur des Retrakts und der Expropriation, im ArchZivPrax. Bd. 52 S. 151 ff.

[8]) Vgl. Menzel S. 242 f. Der Name erklärt die Theorie nicht; denn Nachbarrecht könnte sich auch in Enteignungsbefugnissen äußern.

[9]) A. a. O. S. 254 f.

a) Für die Enteignungstheorie: Der Notweg eine Wegeservitut, die durch obrigkeitlichen Akt begründet wird; die Klage auf Einräumung als publizistischer Anspruch auf partielle Enteignung; die Duldungspflicht eine Folge der aufgelegten Servitut, die einzutragen und nach erfolgter Bestellung den gewöhnlichen Grundsätzen des Servitutenrechts unterworfen ist; Wiederaufhebung durch obrigkeitlichen Akt und Löschung; Anspruch auf Entgelt, auch wenn kein materieller Schaden entsteht; Zuspruch der Entschädigung kann nur im Enteignungsverfahren erfolgen; die Summe ist den Realgläubigern des belasteten Grundstücks verfangen; Wegeinräumung und Entgeltsfestsetzung sind im Prinzip eine Verwaltungssache.

b) Für die Nachbarrechtstheorie: Der Notweg eine gesetzliche Eigentumsbeschränkung; Duldungspflicht primär, Wegerecht Reflexwirkung; der Rechtsstreit über den Notweg ist ein Streit über die Grenzen des Eigentumsrechts, bei dem das richterliche Urteil nur deklaratorische Funktion (Konstatierung der Duldungspflicht, Feststellung ihres Umfangs) hat; keine Eintragung, da kein neues dingliches Recht erzeugt wird; Aufhören der Duldungspflicht mit Wegfall ihrer gesetzlichen Voraussetzungen; Entschädigung nur für Sachbeschädigung, nicht für Belästigung; der Ersatzanspruch kann wie jede andere Schadensersatzklage erhoben werden; kein Pfandrecht der dinglich Berechtigten an der Entschädigungssumme; der Rechtsstreit über Duldungs- und Ersatzpflicht betrifft eine gewöhnliche Privatrechtssache und spielt sich nach den allgemeinen Prozeßnormen vor dem ordentlichen Richter ab.[10])

Den Gedanken dieser Nachbarrechtstheorie folgend, fassen auch die Motive[11]) zum BGB. den Notweg als eine gesetzliche Eigentumsbeschränkung auf, die alle umliegenden Grundstücke in einer vom Richter festzustellenden Richtung und Ausdehnung belastet und die mit dem Vorliegen ihrer gesetzlichen Voraussetzungen und nicht erst durch Richterspruch begründet ist.[12])

[10]) Menzel bevorzugt die Nachbarrechtstheorie, da einerseits die Enteignungstheorie zu komplizierten Rechtssätzen führe und andrerseits die deutschrechtlichen Gedanken der nachbarlichen Duldungspflicht in der bäuerlichen Bevölkerung noch feste Wurzeln besäßen (S. 255).

[11]) III § 863 S. 289 ff.

[12]) Daß es sich hierbei um deutschrechtliche Normen handelt, erwähnen die Motive nicht; vgl. dazu Gierke, Der Entwurf eines BGB. S. 330.

F. Der Notweg im deutschen Bürgerlichen Gesetzbuche.

1. Die gesetzliche Regelung des Notwegrechts.

Den Normen des römisch-gemeinen Rechts und der modernen Gesetzbücher folgend geht das BGB. nicht wie das ältere deutsche Recht von der grundsätzlichen Gebundenheit des Immobiliareigentums (zugunsten der Familie, der Nachbarn, der Gemeinden, der Grundherren und der öffentlichen Gewalt)[1]) aus, sondern es stellt die Ungebundenheit als die Regel hin und betrachtet die gesetzlichen Beschränkungen als Ausnahmen. Diese können das Eigentumsrecht oder den Eigentumsinhalt betreffen und in jedem dieser beiden Fälle wiederum entweder öffentlichrechtlicher oder privatrechtlicher Art sein. Öffentlichrechtliche Beschränkungen des Eigentumsinhalts ergeben sich aus der Baupolizei, der Gewerbepolizei, der Militär-, Telegraphen-, Landeskultur-, Forst-, Berg-, Wasser-, Wegehoheit des Staates; außerdem ist beim Vorliegen eines dringenden öffentlichen Interesses das Grundeigentum auch solchen Einschränkungen unterworfen, die nicht besonders vorgesehen sind, d. h. unter dem Druck des Notstandes ist bei einer unmittelbar bevorstehenden, nicht anders abzuwendenden Gefahr ein polizeilicher Eingriff in das Eigentum auch in Fällen gestattet, die gesetzlich nicht besonders vorgesehen sind.[2])

Gesetzliche Beschränkungen des Eigentumsinhalts privatrechtlicher Art ergeben sich aus dem allgemeinen Schikanenverbot (§ 226), aus der Zulässigkeit einer Nothilfehandlung im Sinne des § 904, aus dem Abholungsanspruch (§§ 867 und 1005) und aus den Sätzen des reichs- und landesrechtlich geltenden Nachbarrechts. Auf diesem letztgenannten Rechtsgebiet finden wir fast alle jene Beschränkungen wieder, welche die mittelalterliche Rechtsentwickelung gezeitigt hat; sie sind de lege lata von den Grunddienstbarkeiten völlig geschieden und in der Rubrik „Inhalt des Eigentums" (III. Buch III. Abschnitt 1. Titel BGB., dazu Art. 124 EG.) untergebracht. Sie legen dem Beschwerten Unterlassungs- und Duldungs- (seltener Handlungs-) Pflichten auf und haben dadurch allerdings äußerlich den Inhalt von Grunddienstbarkeiten. Soweit sie das Grundeigentum des einen einschränken, erweitern sie das des anderen; doch liegt in ihrem Vorhandensein keine Minderung oder Mehrung, sondern eine „nachbarliche Verteilung" des Eigentums.[3])

---

[1]) Gierke, Deutsches Privatrecht II § 125 S. 405.

[2]) Gierke, ebenda S. 406 und Anm. 51.

[3]) Gierke a. a. O. S. 418.

Der Notweg[4]) ist unter diesen Beschränkungen des Eigentumsinhalts in den §§ 917, 918 BGB. geregelt.

Durch Landesrecht kann die Pflicht zur Duldung des Notweges auch zum Zweck der Verbindung mit einer Eisenbahn oder einer Wasserstraße begründet werden.[5])

2. Die tatsächlichen Voraussetzungen des Rechts.

Vorbedingung des Notwegrechts ist nach § 917, daß einem Grundstück die zur ordnungsmäßigen Benutzung notwendige Verbindung mit einem öffentlichen Wege fehlt. Es wird hiernach in jedem einzelnen Falle zu prüfen sein, ob für das betreffende Grundstück und seine besonderen Umstände die Benutzung, die den Notweg erfordert, eine ordnungsmäßige ist. Nicht notwendig ist dabei eine Beibehaltung der bisherigen Benutzungsart, vielmehr können Kulturveränderungen, die nicht rein willkürlich vorgenommen werden, sondern entweder nötig geworden sind oder im Interesse sachgemäßer Ausbeutung und Rentabilität angebracht erscheinen, das Verlangen nach einem Weg oder nach seiner Ausgestaltung (z. B. aus dem Fußsteg in einen Fahrweg) zu rechtfertigen; dagegen geben Luxusänderungen oder die Einführung einer ungewöhnlichen Benutzungsart ebensowenig ein Notwegrecht wie das Verlangen nach einer nur bequemeren Gestaltung der bisherigen Benutzung.[6])

Fehlen muß die notwendige Verbindung. Es ist dabei nicht vorausgesetzt, daß das betreffende Grundstück ganz und gar abgeschlossen und eine Verbindung mit dem öffentlichen Weg mittelst eines anderen Zugangs durchaus unmöglich ist.[7]) Das Verlangen nach einem Notweg kann vielmehr auch dann gestellt werden, wenn die bisherige Verbindung eine für die gegenwärtig ordnungsmäßige Benutzung des Grundstücks unzureichende geworden ist oder wenn der bedrängte Grundeigner sich eine Verbindung nur unter Aufwendung unverhältnismäßiger Kosten schaffen kann.[7a]) Hat er dagegen eine vertraglich eingeräumte

---

[4]) Ihm nahe verwandt sind das Anwenderecht (Tret-, Kehrrecht), das Hammerschlags- oder Leiterrecht und das Schaufelschlagsrecht, die partikularrechtlich noch vorkommen, vgl. hierüber Gierke a. a. O. S. 439f.

[5]) Vgl. für Sachsen Kloß, Sächs. Landesprivatrecht (Ergänzungsband III zu Dernburgs Bürgerl. R.) S. 118f.; andere Landesrechte kommen nicht in Frage.

[6]) Über diese in Literatur und Rechtsprechung ziemlich gleichartig auftretende Auslegung vgl. Rüdenberg a. a. O. S. 15ff.; Kulenkampff a. a. O. S. 27ff.; Gierke S. 438 Anm. 93.

[7]) Mot. III. 291. Gierke S. 438 Anm. 93.

[7a]) Rüdenberg S. 21; Kulenkampff S. 31; Dernburg, Bürg. R. III. 4. Aufl. § 84. II. 1. S. 286; Crome, System, III § 395, 2a Anm. 65 S. 293. Die Frage, ob man dem, der den Notweg verlangt, entgegnen darf, er könne bei völliger Änderung der bisherigen Grundstücksbenutzung ohne den gewünschten Weg auskommen, wird zu verneinen sein, vgl. Dernburg a. a. O. S. 286.

Wegeservitut über ein Nachbargrundstück, die ausreicht, oder hat er auch nur einen schuldrechtlichen Anspruch auf Benutzung des Nachbargrundstücks oder auf Servitutbestellung und ist dieser Anspruch realisierbar, so fehlt dem Grundstück eben nicht die notwendige Verbindung.[8] [9])

Bei willkürlicher Preisgabe einer bestehenden Verbindung,[10]) z. B. durch Zerstörung des vorhandenen Zugangs oder durch Aufgabe einer Grundgerechtigkeit, tritt die Verpflichtung des Nachbars zur Duldung des Notweges nicht ein, und zwar steht das Recht auf den Notweg dann auch späteren Eigentümern nicht zu.[11])

Mit der gesetzlichen Verneinung des Notwegrechts bei willkürlicher Herbeiführung der Notlage steht in Zusammenhang die Bestimmung des § 918 Abs. 2, wonach in Fällen, in denen die Wegenot eintritt anläßlich der Veräußerung eines Grundstücksteils oder eines von mehreren demselben Eigentümer gehörenden Grundstücken, die Pflicht zur Duldung des Notwegs dem Vertragsgegner aufgelegt wird, ein Recht gegen andere Nachbarn also nicht gegeben ist.

Das Recht auf den Notweg steht gemäß § 917 nur dem Eigentümer bzw. jedem Miteigentümer (§ 1011), ferner dem Erbbauberechtigten (§ 1017) und dem Erbpachtberechtigten (Art. 63 EG.), nicht dagegen anderen dinglich Berechtigten zu; es richtet sich gegen jeden nachbarlichen Eigentümer,[12]) dessen Grundstück für die Herstellung der notwendigen Verbindung gebraucht wird[13]) oder doch jedenfalls dafür in Frage kommt.

[8]) Dernburg ebenda.

[9]) Über die Frage, „ob ein Recht auf die Einräumung eines Notwegs auch dann besteht, wenn für das Grundstück des Wegebedürftigen zwar die voll ausreichende Verbindung mit einem öffentlichen Wege hergestellt und gesichert ist, der öffentliche Weg aber vermöge seines zeitweilig unbrauchbaren Zustandes für die ordnungsmäßige Benutzung des Grundstücks nicht genügt", siehe Endemann, „Notweg und öffentlicher Weg" in der Festschr. f. Gierke S. 951 ff. E. verneint die Frage: Die privatrechtliche Notweglast reiche nur bis zum öffentl. Weg, „bei ihm endige die zivilrechtlich zu beachtende und zu beurteilende Wegenot" (S. 971); was darüber hinausgehe, liege außerhalb des Gebietes unseres Nachbarrechts und gehöre ausschließlich dem Gebiet des öffentlichen Rechtes an. Gegen Endemann polemisiert mit Unrecht Zeiler, „Wegenot und Notweg" in SeuffBl. 78. Jahrg. (1913) S. 97 ff., 121 ff.

[10]) Oder bei Preisgabe der Möglichkeit, sich die Verbindung zu besorgen, vgl. Rübenberg S. 27.

[11]) Biermann, Sachenrecht § 918 S. 116; Dernburg S. 287 Anm. 9; Gierke S. 439 Anm. 98.

[12]) Rübenberg S. 83; Kulenkampff S. 34; Wolff, Der Bau auf fremdem Boden, insbes. der Grenzüberbau S. 118 Anm. 9.

[13]) Gierke S. 438 Anm. 95.

3. Das Recht auf den Notweg und die Pflicht, ihn zu dulden. Entstehung und Untergang.

Es fragt sich nun, wann und wie das Notwegrecht und die Pflicht, die Wegbenutzung zu dulden, entstehen, und dabei ist zu untersuchen, ob sie ihre abgeschlossene Rechtsform sogleich oder erst allmählich und wodurch sie sie erhalten. Ist das Notwegrecht sogleich mit dem Vorliegen seiner tatsächlichen Voraussetzungen als dingliches Recht da oder hat man es zunächst nur mit einem obligatorischen Einräumungsrecht oder mit einer einseitigen Schaffungsbefugnis zu tun? Welche Bedeutung hat es, daß der Bedrängte mit seinem Verlangen nach dem Weg ausdrücklich hervortritt? Welche Bedeutung hat für die Rechtsgestaltung die gütliche Einräumung und welche Bedeutung hat und welcher Natur ist das in § 917 Abs. 1 S. 2 erwähnte richterliche Urteil? Von wann ab kann das Recht auf den Notweg einredeweise geltend gemacht werden? Wann ist die Wegebenutzung keine verbotene Eigenmacht mehr? Allen diesen Fragen ist die Antwort zu finden.

Nach dem Standpunkt, den man bei der Abfassung des Gesetzestextes in bewußter Ausnützung rechtsgeschichtlicher Entwickelungslinien einnahm, nämlich nach dem Standpunkt der sog. Nachbarrechtstheorie, ergaben sich Duldungspflicht und Benutzungsrecht [14]) als Teile des Grundeigentumsinhalts ipso iure im Augenblick einer den Voraussetzungen des § 917 Abs. 1 entsprechenden Notlage — und zwar in ihrer vollen Dinglichkeit. Der Gedanke einer expropriationsweisen Schaffung oder einer bloßen schuldrechtlichen Pflicht zur Servitutbestellung sollte aufgegeben sein.[15]) Das Zugangsrecht sollte nicht konstituiert, sondern es sollte — zusammen mit der Duldungspflicht — sogleich vorhanden sein.

Dieser „Wille des Gesetzgebers" kann unsere Auffassung natürlich nicht in von vorneherein festgelegte Wege zwängen, aber wenn er — wie hier — durch geschichtliche Betrachtung beeinflußt und auf dem Boden eines ganz bestimmten Prinzips gewachsen ist, wird man ihn dem eigenen Denken füglich zugrunde legen, solange die eigentliche gesetzliche Regelung und ihr Anschluß an den übrigen Gesetzesinhalt nicht zur Abweichung zwingt. Zu weit geht darum m. E. die Auffassung Rüdenbergs,[16]) daß die geschichtliche Entwickelung für die Feststellung der richtigen Denkform wertlos sei, da diese Denkform nur aus der eigenartigen Gesamtheit der Normen des geltenden Rechts gewonnen werden könne.

---

[14]) Nach Menzels Ansicht (a. a. O. S. 254) ist die Duldungspflicht das Primäre und das Notwegrecht ihre Reflexwirkung; vgl. oben S. 78.

[15]) Mot. III. S. 291.

[16]) A. a. O. S. 35.

So geht denn auch die überwiegende Ansicht in der Literatur[17]) dahin, daß das Notwegrecht mit dem Eintritt der Zugangsnot entstehe.

Nach dem Wortlaut des Gesetzes kann der Eigentümer von den Nachbarn „verlangen, daß sie... die Benutzung ihrer Grundstücke zur Herstellung der erforderlichen Verbindung dulden". Diese Fassung könnte vielleicht dazu verleiten, nur eine sich gesetzlich aus dem Eigentum ergebende schuldrechtliche Befugnis bzw. Pflicht als vorliegend anzunehmen; unterstützend könnte dabei die Erwägung wirken, daß im Bereich dinglicher Rechtsbeziehungen das Auftreten von Verbindlichkeiten schuldrechtlichen Inhalts nichts Ungewöhnliches ist, daß ja z. B. auch im Herausgabeanspruch der §§ 985 ff. Ansprüche eingeschlossen sein können, die auf einen durch die Schadenshöhe oder die vorhandene Bereicherung bestimmten Ersatz gerichtet sind, also forderungsrechtlich anmuten. Aber die Natur eines Anspruchs wird nicht durch die Art, sondern durch die rechtliche Grundlage des Begehrens bestimmt. Ist diese das Eigentum, so ist auch der äußerlich schuldrechtlich gestaltete Anspruch ein dinglicher. Und wenn eine Gesetzgebung die im Gebiet des Nachbarrechts normierten Befugnisse und Pflichten mit in den Inhalt des Eigentums einschließt und sie damit zu Teilen des Grundeigentums macht, ist ihre Geltendmachung eine Durchsetzung des Eigentumsrechts, trägt also rein sachenrechtlichen Charakter.

Das durch die Zugangsnot entstandene Recht auf den Weg wird in den meisten Fällen zunächst der Konkretisierung und Lokalisierung entbehren. Es ist vorhanden, aber es muß in die Örtlichkeit gesetzt werden, und solange der Berechtigte noch nicht mit seinem Verlangen nach Duldung hervortritt, ist es ein brach liegendes Recht ohne positive Wirkungen. Man ist darum bisweilen geneigt, dieses „Verlangen" als eine weitere gesetzliche Voraussetzung für das Recht hinzustellen, die Duldungspflicht erst als eine Folge des Verlangens des Berechtigten anzusehen.[18]) Hiergegen ist zu sagen, daß das Notwegrecht im Verlangenkönnen besteht, das Verlangen also schon eine Ausübung des Rechts ist, ein erster Schritt, Inhalt und Umfang des vorhandenen Rechts näher zu bestimmen. Die Duldungspflicht ist — wenigstens in abstracto — keine Folge des Verlangens, sondern eine unmittelbare Folge der Zugangsnot. Durch die Inanspruchnahme eines Weges gibt der Berechtigte nur seinen Willen kund, sich über Inhalt und Um-

[17]) Vgl. insbes. Biermann, Sachenr. 3. Aufl. Anm. 2 zu § 917 (S. 169); Crome, Syst. III S. 294 Anm. 77; Dernburg, Bürg. R., 4. Aufl. III S. 286; Gierke, Deutsches Privatrecht II S. 438; M. Wolff, Sachenr. S. 145 f.; Narding im ArchZivPrax. Bd. 99 S. 409; Kulenkampff a. a. O. S. 35 f.

[18]) Vgl. Staudingers Komm. III (Kober) I. 2 zu § 917.

fang seines Benutzungsrechts entweder mit den Nachbarn zu einigen oder nötigenfalls beides durch Urteil bestimmen zu lassen.

Bei dieser Auffassung des Notwegrechts ergibt sich, welche Rolle die im § 917 Abs. 1 Satz 2 erwähnte richterliche Entscheidung dabei spielt. Das Wegerecht muß in der Örtlichkeit festgelegt, Richtung, Benutzungsart, Benutzungszeit müssen unter angemessener Berücksichtigung der Interessen der Beteiligten bestimmt werden; dem Recht muß der konkrete Inhalt gefunden werden. Diesen soll das Urteil aussprechen; es schafft also nicht etwa das Recht; denn dieses war schon vorher vorhanden, vorhanden in seiner vollen Dinglichkeit, in seiner eigentümlichen Natur, an der das Urteil nichts ändert. Wenn im Schuldrecht ein unbestimmt gelassener Leistungsinhalt gegebenenfalls durch den Richter bestimmt wird (§ 315), so wird dadurch nicht die Leistungspflicht geschaffen, sondern ihr Inhalt wird konkretisiert. So ist es auch im Fall des § 917; und daraus ergibt sich, daß diese Art des richterlichen Urteils jedenfalls nicht konstitutiv für das Notwegrecht als solches wirkt[19]); es wirkt auch nicht konstitutiv für den Inhalt und den Umfang des Benutzungsrechts; vielmehr ergibt sich schon aus § 917 Abs. 1 Satz 1, welche Richtung der Weg zu nehmen hat und in welchem Umfang er benutzt werden darf, und durch das Urteil wird dies nur — unter Anwendung der Vorschrift auf den besonderen Sachverhalt — festgestellt. Die Wirkung des Urteils ist also eine rein deklaratorische. Die Auffassung, daß das Notwegrecht von vorneherein in seiner fertigen Rechtsnatur vorhanden ist, wird auch nachdrücklich gestützt durch die nach der Fassung des Gesetzes unabweisbare Parallele mit dem Überbaurecht, bei dem ebenfalls eine bloße Tatsache, nämlich das — weder vorsätzliche noch grob fahrlässige und ohne Widerspruch erfolgte — Überbauen zu Erweiterungen bzw. Einengungen des normalen Grundeigentumsinhalts unter den Nachbarn führt[20]); der Unterschied ist nur der, daß beim Überbau der Besitz schon gegeben ist, während die Zugangsnot nur das Recht zu Besitzhandlungen gibt.

Es wäre nun aber an sich keine unlogische Denkweise, wenn man das Notwegrecht als Teil des Eigentumsinhalts und doch

---

[19]) In diesem Sinne auch die herrschende Meinung, vgl. insbes. Maenner, Sachenr. S. 173; Crome S. 294 Anm. 80; Biermann, Anm. 2 zu § 917; Dernburg S. 286; Motive S. 292; Gierke S. 438 f.; Kretschmar, Das Eigentum an Grundst., im Sächs. Arch. f. bürg. R. u. Prozeß, XII S. 424 ff.; Turnau-Foerster, Liegenschaftsrecht, 2. Aufl. I S. 319; Kisch, Beiträge zur Urteilslehre S. 111; Planck, Komm. Bem. 2a zu § 917; Staudinger (Kober) 7/8. Aufl. Bem. VI 2.c zu § 917; Komm der Reichsgerichtsräte Anm. 11 zu § 917; Kulenkampff S. 36; Karding S. 409; And. Meing. Cosack, Lehrb., 6. Aufl. II S. 158; Rüdenberg S. 68 ff.

[20]) M. Wolff, Sachenr. S. 149.

nicht als ein ohne weiteres vorhandenes dingliches Recht ansähe. Die Annahme einer sich aus dem Eigentum ergebenden rein obligationenrechtlichen Benutzungsbefugnis würde allerdings — wie schon erwähnt — gar nicht in die Regelung unseres Nachbarrechts passen.[21]) Die Annahme eines Forderungsrechts auf Einräumung einer Grunddienstbarkeit läge vielleicht schon näher[22]); aber auch sie widerspricht dem Wortlaut des Gesetzes, nach welchem der Eigentümer vom Nachbar nur Duldung verlangen kann. Schließlich könnte man in Anbetracht des in § 917 Abs. 1 S. 2 erwähnten richterlichen Urteils und in Anlehnung an gemeinrechtliche Vorstellungen und Labands Lehre von der „partiellen Expropriationsbefugnis" beim Notweg[23]) meinen, die Notlage gebe dem Eigentümer ein publizistisches Recht zur Erwirkung der richterlichen Bestellung einer Grunddienstbarkeit; eine Nachwirkung dieser Auffassung finden wir bei Cosack,[24]) der Konstituierung des Rechts durch Urteil annimmt, obwohl nach dem Wortlaut des § 917 die Duldungspflicht des Nachbars ohne Rücksicht auf ein Eingreifen des Richters vorhanden ist. Und auch Rüdenberg kommt zur Annahme konstitutiver Wirkung des Urteils,[25]) indem er die Befugnis des Berechtigten bis zur Bestimmung des Weges und diejenige nach der Bestimmung unterscheidet. Er tut dies in sehr ausführlichen Darlegungen,[26]) auf die hier kurz eingegangen sei:

Vor der Bestimmung des Weges hat nach R.s Meinung der Berechtigte ein Recht des rechtlichen Könnens, ein Kannrecht[27]) zur unmittelbaren oder mittelbaren Begründung eines Rechts; nach der Bestimmung hat er eine Wegedienstbarkeit. Beide Rechte sind nach Entstehung bzw. Eintragung als gesetzliche Rechte zu bezeichnen. Die beiden Befugnisse gehören dem Inhalt des Eigentums an. Das Kannrecht wird durch einseitige Tätigkeit des Berechtigten ausgeübt und zwar durch Abgabe einer empfangsbedürftigen Willenserklärung gegenüber einem Nachbar oder durch das Verlangen nach Erlaß eines richterlichen Urteils; durch beides kann also die einer Wegedienstbarkeit entsprechende Lage — auch Richtung des Weges und Umfang des Benutzungsrechts herbeigeführt werden. Die so entstandene Dienstbarkeit unterscheidet sich von den Grunddienstbarkeiten des § 1018 BGB. nicht inhaltlich, sondern nur nach der Art ihres Entstehens und ihres Untergangs (das Kannrecht entsteht kraft Gesetzes

[21]) Auch Rüdenberg, ein ausgesprochener Gegner der herrschenden Meinung, lehnt sie ab (S. 37 ff.).

[22]) Sie scheint von Landsberg (BGB. II S. 642) und von Müller (BGB. S. 97) vertreten zu sein; dagegen Karding S. 409; auch Rüdenberg S. 49 ff.

[23]) Laband in ArchZivPrax. 52 S. 151 ff.

[24]) A. a. O. S. 158.

[25]) S. 106, 108.

[26]) S. 68 ff. Er sieht im Notwegrecht „dem Gedanken nach eine im Privatinteresse gegebenen Möglichkeit einer partiellen Enteignung auf unbestimmte Zeit"; S. 137.

[27]) Zitelmann, Int. Privatr. II. 1. S. 43; dazu Rüdenberg S. 69 Anm. 1.

durch die Notlage und geht durch Ausübung unter; die Dienstbarkeit entsteht durch Ausübung eines gesetzlichen Rechts und geht kraft Gesetzes durch Wegfall der Notlage unter); die Notwegdienstbarkeit ist in diesem Sinne eine „gesetzliche Dienstbarkeit", jedoch de lege lata als zum Inhalt des Grundeigentums gehörig anzusehen. — Die Ausübung des Kannrechts durch bloße Willenserklärung hält R. für gerechtfertigt, weil das Gesetz die Mittel zur Bestimmung des Notweges nicht erschöpfend behandle (S. 96) und weil dieser Weg „im Vergleich mit der Ordnung ähnlicher Rechtslagen naheliegend und in seiner praktischen Durchführung zweckmäßig, ja notwendig"[28]) sei (S. 99 f.); die inhaltlich mißratene (z. B. zu viel verlangende) Willenserklärung schaffe kein Recht, sondern sei als Vertragsantrag aufzufassen; denn der Notweg könne auch durch einen Vertrag (mit Vergleichsnatur) geschaffen werden. Wird das Kannrecht durch Klage ausgeübt, so wirkt das richterliche Urteil konstitutiv (106 ff.)

Dieser folgerichtig durchgeführten Ansicht Rüdenbergs kann man zwar keine offenbaren Unrichtigkeiten, wohl aber eine große Willkürlichkeit vorwerfen. Wie diese „richtige Denkform" „aus der eigenartigen Gesamtheit der Normen des geltenden Rechts gewonnen"[29]) sein soll, ist nicht einzusehen; sie steht und fällt mit der Hineintragung des „Kannrechts" in den § 917; von einem solchen Recht des rechtlichen Könnens darf man zwar immer dann sprechen, wenn bei einem noch unbestimmten Rechtsinhalt einem der Beteiligten die Bestimmungsbefugnis durch Abrede oder Gesetz gegeben ist.[30]) Eine solche Befugnis zu bindender Bestimmung aber mangels jeder besonderen gesetzlichen Norm dem Notwegberechtigten zu geben, ist ebenso willkürlich wie die Behauptung, die Bestimmung des Notwegs durch einseitige empfangsbedürftige Willenserklärung sei zulässig, weil das Gesetz die hierfür möglichen Mitteln nicht erschöpfend regle.

Allerdings wird bei der Festlegung des Notwegs die Initiative meistens eine einseitige, vom Berechtigten ausgehende sein; aber selbst wenn er dabei einen Weg wählt, den der Nachbar ihm füglich zubilligen muß, liegt doch in einer solchen Inanspruchnahme keine einseitige Bestimmung der Art wie sie etwa in § 315 erwähnt ist; der leitende Gedanke in der Vorschrift des § 917 Abs. 1 ist vielmehr der, daß die Beteiligten auf der Grundlage von Recht und Pflicht sich über die Einzelheiten gütlich einigen können und mangels solcher Einigung der Richter zu sagen hat, welches nach Lage des Falles der Inhalt und Umfang des Benutzungsrechts ist. Rüdenberg hält übrigens das sofortige

[28]) Weil dann nach Abgabe der Erklärung der Berechtigte den Weg sogleich benutzen könne, ohne verbotene Eigenmacht zu üben.

[29]) S. 35.

[30]) Nach Rüdenbergs Meinung ist außer eben dem Kannrecht des einen zunächst wohl überhaupt keine Rechtsbeziehung zwischen den Beteiligten vorhanden. Gibt das gesetzliche Verlangendürfen ein Kannrecht, so kann sich übrigens das Duldenmüssen wohl nur auf die Zeit nach Ausübung des Kannrechts beziehen. Oder soll aus dem korrespondierenden Zusammenwirken von Verlangen und Duldungspflicht sich erst das Kannrecht ergeben?

Vorliegen eines dinglichen Rechts aus folgendem Grunde für unmöglich: Dies Recht würde sich unter Umständen bis zur genauen Bestimmung auf mehrere Nachbarn beziehen; „die benachbarten Grundstücke ständen hiernach in einem Gesamtverhältnis, wie es etwa bei Schuldverhältnissen oder Hypotheken vorkommt; bei dinglichen Rechten, wie es die Grunddienstbarkeiten sind, ist ein solches begrifflich undenkbar."[31] Erstens aber handelt es sich nicht um Grunddienstbarkeiten, sondern um ein Recht aus dem Eigentum; zweitens läge ein Gesamtverhältnis nur vor, wenn die mehreren Nachbarn wirklich in gleicher Weise duldungspflichtig sind; und drittens kann doch das seiner Natur nach absolute Eigentumsrecht sehr wohl gleichzeitig gegen mehrere seine Wirkung äußern — derart, daß nun der Berechtigte diese Wirkung nach einer Richtung hin seinem Bedürfnis dienstbar macht.[32]

Da das Urteil kein neues dingliches Recht erzeugt, sondern nur den Inhalt eines vorhandenen zum Eigentum gehörigen Rechts betrifft, findet eine Eintragung des Notweges nicht statt[33]; das Notwegrecht, das kraft Gesetzes entsteht und dinglich wirkt, ist gar nicht eintragungsfähig[34]; dies gilt sowohl für das Recht als solches wie für die Einzelheiten seines Inhalts. Einigen sich die Parteien über Richtung und Benutzungsart und geben sie dabei z. B. dem Recht einen anderen als jenen gesetzlichen Inhalt, den erforderlichenfalls der Richter durch Urteil festgestellt hätte, so wirken diese Abmachungen nur unter ihnen und nur schuldrechtlich; etwaige Rechtsnachfolger wären also an solche Vereinbarungen nicht gebunden; sie eintragen zu lassen und dadurch dem gesetzlichen Notwegrecht einen vereinbarten dinglich wirkenden Inhalt zu geben, ist m. E. nicht angängig.[35] Dagegen ist es natürlich möglich, daß die Parteien — veranlaßt durch die Notweglage — eine besondere abhelfende Wegedienstbarkeit durch Eintragung begründen. Die eingetragene Gerechtigkeit wäre dann aber nicht ein Notwegrecht mit den diesem Recht eigenen Besonderheiten, es würde z. B. nicht mit dem Wegfall der Notlage, sondern erst mit der Löschung im Grundbuch untergehen.

Da das Notwegrecht mit der Tatsache der Not entsteht und in jedem Einzelfall auch inhaltlich vorhanden ist, ehe noch die Beteiligten oder der Richter sich mit der genaueren Bestimmung befassen, ist eine Benutzung des Nachbargrundstücks vor der erfolgten Bestimmung nicht als verbotene Eigenmacht

---

31) S. 46.

32) Auch hierin läge aber nicht etwa eine Bestimmung im Sinne von Rüdenbergs Kannrecht, sondern nur eine Wahl unter mehreren Möglichkeiten der Rechtsausübung.

33) Menzel S. 254.

34) Kulenkampff S. 60 f.; Rüdenberg S. 93 f.

35) A. M. Kulenkampff S. 38; über die Eintragbarkeit sind die Ansichten geteilt; vgl. die Literatur bei Karding a. a. O. S. 418.

anzusehen; allerdings gilt dies nur, wenn die Benutzung angemessen, d. h. von solcher Art ist, daß sie auch der angerufene Richter als im Inhalt des Rechts liegend ansehen würde. — In dieser Benutzung läge die tatsächliche Inanspruchnahme des Rechts und eine Ausnützung des Rechtsinhalts. Allerdings wird es sich praktisch meistens empfehlen, mit der Benutzung erst nach verabredeter oder richterlicher Feststellung des Rechtsinhalts zu bebeginnen; rechtlich notwendig ist ein solches Abwarten jedoch nicht, und darum geht man zu weit mit der Behauptung, daß die Benutzung vor dem Vertragschluß oder vor dem Urteil (bzw. einer einstweiligen Verfügung) nur im Rahmen des § 904, also als Nothilfehandlung mit Schadensersatzpflicht, gerechtfertigt sei.[36])

Einer Besitzstörungsklage des Nachbars wird also gegenüber einer Benutzung, die in den vom Gesetz gezogenen Grenzen geschieht, der Erfolg zu versagen sein, und ebenso kann der Notwegberechtigte der actio negatoria sein Recht entgegensetzen, auch wenn Inhalt und Umfang der Benutzung noch nicht ausdrücklich festgelegt sind.[37]) Die Festlegung könnte bei einer solchen Gelegenheit auch im Wege der Widerklage verlangt werden.[38])

Der **Rechtsstreit um den Notweg**, insbesondere um seine Duldung sowie um Inhalt und Umfang des Benutzungsrechts ist ein Streit um die Grenzen des Eigentumsrechts und spielt sich darum im gewöhnlichen Prozeßverfahren ab. Klagegrundlage ist das Eigentum, Klagebegehren die Feststellung der Duldungspflicht des Nachbars oder die urteilsmäßige Bestimmung von Inhalt und Umfang des Benutzungsrechts; beide Klagen könnten miteinander verbunden werden.[39]) Zur Klagebegründung gehören bei der Duldungsklage die tatsächlichen Voraussetzungen des § 917 Abs. 1 S. 1, während bei der Bestimmungsklage genaue Angaben nötig sind über den wirtschaftlichen Zweck des Notweges und die sich daraus ergebenden Bedürfnisse nach seiner Benützung, sowie allgemeine Angaben über die erstrebte Wegrichtung.[40]) Die Bestimmung der Einzelheiten über Richtung und Art und Zeit der

---

36) Kulenkampff S. 37 und Anm. 27, S. 88 Anm. 1; über die unter Anwendung französischen Rechts herausgebildete Praxis, die eine Benutzung vor Feststellung des Rechtsinhalts für unzulässig, aber doch für straffrei ansieht, vgl. Rüdenberg S. 64.

37) So die herrschende Meinung, vgl. Karding a. a. O. S. 416 Anm. 27; Maenner S. 173; Biermann S. 169; Planck S. 306 f.; Komm. der Reichsgerichtsräte Anm. 8 zu § 917; Ztschr. f. Rechtspflege in Bayern, 2. Jahrg. (1906) S. 39 ff.

38) JW. 1906, 233[19].

39) Planck S. 306 f.; Biermann Anm. 2c zu § 917 (S. 170); Rüdenberg S. 106.

40) Im einzelnen braucht der Kläger die Richtung des Weges nicht anzugeben: vgl. RGRKomm. 2. Aufl. Anm. 8 zu § 917.

Benutzung erfolgt nach billigem Ermessen des gegebenenfalls durch Sachverständige unterstützten Richters.[41])

Kommen für die Duldung der Benutzung mehrere Nachbargrundstücke in Betracht, so entsteht die Frage, ob der Berechtigte unter ihnen die Wahl hat. Die sich aus der Notlage ergebende Eigentumsbeschränkung tritt für alle Nachbarn ein, über deren Grundstücke die „notwendige Verbindung" tatsächlich erlangt werden kann; denn die Erweiterung des Grundeigentumsinhalts, die dem Notleidenden zuteil wird, wirkt in ihrer Dinglichkeit absolut und schafft eine Duldungslast für alle beteiligten Nachbarn,[42]) d. h. für alle diejenigen, bei denen die gesetzlichen Voraussetzungen des § 917 vorliegen.[43]) Ob der Berechtigte nun unter diesen Nachbarn nach billigem Ermessen wählen muß oder ob er in seiner Wahl lediglich durch das Schikaneverbot beschränkt ist, darüber sind mangels ausdrücklicher gesetzlicher Vorschrift die Ansichten in der Literatur geteilt.[44]) Zu beachten ist jedenfalls, daß das Gesetz nicht ausdrücklich etwa die kürzeste Verbindung als die notwendige bezeichnet und daß also z. B. der Verklagte nicht einwenden kann, ein anderer Nachbar würde den Weg nicht als so lästig empfinden wie er; einwenden kann er in diesem Punkte vielmehr nur das, woraus sich seiner Meinung nach ergibt, daß die bei ihm gesuchte Verbindung nicht für den Kläger „notwendig" sei; er kann also mit Recht darauf hinweisen (Bestreiten des Klagegrundes), daß eine andere Verbindung vorhanden ist, nicht aber darauf, daß der Kläger sich eine andere in Verfolgung seines Notwegrechts besorgen könne.

Im einzelnen ergibt sich: Liegen bei den mehreren Nachbarn die Voraussetzungen des § 917 vor, so werden alle von der Duldungspflicht betroffen; es bedarf hier einer Konkretisierung auf einen bestimmten Weg; sie erfolgt durch ungehinderte Inanspruchnahme eines solchen oder durch gütliche Einigung mit einem der Nachbarn oder durch richterliche Bestimmung. Diese Konkretisierung befreit rückwirkend die Nachbarn, die dabei nicht belastet worden

[41]) Er könnte z. B. dem Kläger ein bloßes Überfahrtsrecht, er könnte ihm aber auch nötigenfalls die Befugnis geben, eine feste Fahrbahn anzulegen, Jur. Ztschr. f. Elſ.-Lothr., 24. Jahrg. (1904) S. 838 ff. Der Richter braucht übrigens auch nicht — wie nach französischem Recht — durchaus Rücksicht auf die kürzeste Linie zu nehmen. — Die Richtung, die er festlegt, muß immer eine bestimmte sein; er könnte also z. B. nicht schlechthin das jeweilige Bedürfnis des Klägers als für die Richtung maßgebend erklären; Biermann S. 170.

[42]) Rüdenberg S. 124 kommt zur Annahme eines „passiven Gesamtkannverhältnisses".

[43]) Wenn M. Wolff S. 150 Anm. 17 die Wahlbefugnis ablehnt, so steht das oben Gesagte damit nicht in Widerspruch; denn ein Wahlrecht soll hier nur dann angenommen werden, wenn mehrere Nachbarn in gleicher Weise den Notweg zu dulden verpflichtet sind.

[44]) Vgl. Rüdenberg S. 121 f.

sind.[45]) Das Bestehen der Duldungspflicht könnte durch Klage gegen alle Nachbarn festgestellt werden; die Verurteilung zur konkreten Duldung dagegen könnte ebenso wie die Bestimmung von Art und Umfang der Benutzung nur gegen den oder die unmittelbar betroffenen Nachbarn durchgesetzt werden. Entweder nimmt hierbei der Berechtigte selbst die Konkretisierung vor, indem er gegen einen von den Nachbarn die Klage auf Bestimmung des Rechtsinhalts erhebt oder er erhebt die Klage gegen alle Nachbarn, überläßt damit die Auswahl dem Richter und unterwirft sich allerdings der Notwendigkeit einer teilweisen Klageabweisung.[46])

Die prozessualen Mittel, die dem Berechtigten nötigenfalls zu Gebote stehen, sind:

1. Die Klage auf Feststellung der Duldungspflicht; sie bewirkt die urteilsmäßige Feststellung, daß die Voraussetzungen des Notwegrechts für den Kläger vorliegen und daß der Beklagte der Belastete ist.

2. Die Klage auf Bestimmung der Wegrichtung und des Umfanges des Benutzungsrechts. Dieses Begehren wird in der Regel mit dem unter 1 genannten verbunden werden, so daß das Urteil die Duldungspflicht feststellt und gleichzeitig ihren Inhalt spezialisiert. Es handelt sich hierbei zwar nicht um ein Feststellungsbegehren im üblichen Sinne und das Urteil zu 2 ist kein reines Feststellungsurteil. Würde es sich lediglich um die Feststellung des Bestehens eines Rechtsverhältnisses handeln, so wäre die besondere Zulassung der richterlichen Entscheidung in § 917 überflüssig gewesen.[47]) Der Richter soll nicht feststellen, was nach Behauptung des Klägers ist, sondern er soll den Inhalt einer vorhandenen gesetzlichen Befugnis aus den tatsächlichen Umständen in der Örtlichkeit authentisch ermitteln.[48]) Er soll dem Berechtigten durch diese Ermittelungstätigkeit bei der Ausübung des Rechts helfen, sie vorbereiten und sicherstellen, aber dadurch schafft er nicht etwa den Rechtsinhalt. Und deshalb ist sein Urteil ein deklaratorisches. Wenn Rüdenberg (S. 108) meint, daß es als deklaratorisches eben nur ein Feststellungsurteil sein könnte, so möchte ich sagen, daß man es allerdings als Feststellungsurteil bezeichnen kann, wenn man zum Begriff Feststellung auch jene richterliche Tätigkeit rechnet, die, ohne rechts-

[45]) Auch in diesem Sinne wirkt das richterliche Urteil nicht konstitutiv; es schafft nicht die Duldungspflicht, und wenn es sie unter den mehreren möglichen Verpflichteten für einen ausspricht und damit Befreitsein der anderen feststellt, so tritt diese Befreiung doch nur als eine Folge der Tatsache ein, daß der Berechtigte sich für eine der mehreren Möglichkeiten — selbst oder unter Zuhilfenahme des Richters — entschieden hat.

[46]) Vgl. auch Kulenkampff S. 89 f.

[47]) So zutreffend Rüdenberg S. 108.

[48]) Ähnlich wie er im Fall des § 315 einen Leistungsinhalt nach dem Maßstab der Angemessenheit nicht schaffen, sondern ermitteln soll.

begründend, rechtsändernd oder rechtsaufhebend zu sein, den zuvor latenten — und darum vom Kläger nicht substanziierten — Inhalt eines Rechts auf Parteiverlangen und kraft ausdrücklicher gesetzlicher Ermächtigung verkündet. Es handelt sich in solchen Fällen eben um eine besondere Kategorie von Urteilen, die mit ihrem deklaratorischen Charakter jedenfalls viel eher zu den Feststellungs- als wie zu den Gestaltungsurteilen gerechnet werden darf. Man mag das Recht, aus der Notlage heraus den Notweg zu verlangen und das Recht auf die richterliche Bestimmung seines Inhalts immerhin als Gestaltungsrecht — etwa im Sinne von Seckel[49]) — bezeichnen, eine Rechtsgestaltungsklage im Sinne unserer Klagen- und Urteilslehre[50]) liegt jedenfalls nicht vor. Solch eine Gestaltungsklage ist z. B. aus dem Gebiet des Schuldrechts die Klage auf Herabsetzung einer Vertragstrafe (§ 343), denn hier soll das Urteil einen zivilrechtlichen Zustand verändern, aus dem Gebiet des Sachenrechts der Grenzscheidungsanspruch des § 920, denn hier soll das Urteil bestimmte Eigentumsverhältnisse ins Leben rufen. Wenn Rüdenberg — unzufrieden damit, daß Kisch die von ihm sogenannten „festsetzenden" Urteile[51]) nicht unter, sondern neben die konstitutiven stellt — meint, daß diese Urteile, zu denen er auch das gemäß § 917 ergehende rechnet, rechtsändernd wirken, so liegt das eben an seiner irrigen Auffassung, daß durch genaue Bestimmung eines bis dahin nicht genau bestimmten Rechtsinhalts das betreffende Recht verändert wird.

3. Geklagt werden könnte drittens auf Unterlassung von Störungen gegenüber dem Notwegberechtigten, und zwar könnte dieses Begehren zumal mit dem auf richterliche Bestimmung der Wegrichtung usw. verbunden werden; notwendig wäre dann jedoch für die Geltendmachung eines solchen Anspruchs, daß die Voraussetzungen des § 259 für eine Klage auf zukünftige Leistung vorlägen.[52])

In all diesen Fällen ist, wie gesagt, Klagegrund das Eigentum, in dessen Inhalt ja das Notwegrecht mit eingeschlossen ist.

Was die subjektive Begrenzung der Rechtskraft dieser Urteile anbetrifft, so ist zu beachten, daß das Notwegrecht auch ohne richterliche Feststellung seines Bestandes und der Duldungspflicht des Gegners vorhanden ist und von jedem Erwerber

---

[49]) Die Gestaltungsrechte des bürg. Rechts, (in der Festgabe der Berliner Jurist. Gesellsch. f. Richard Koch) 1903.

[50]) Vgl. Langheineken, Der Urteilsanspruch S. 230ff.

[51]) Kisch, Beiträge zur Urteilslehre S. 110; danach sind festsetzende Urteile solche, die eine außerhalb des Prozesses stehende Verpflichtung nur mit Bezug auf ihren Inhalt ergänzen.

[52]) Dazu Kulenkampff S. 97ff.

des Nachbargrundstücks geachtet werden muß. Die richterliche Ermittelung des Rechtsinhalts dagegen erfolgt in einem Rechtsstreit und wirkt gegen andere Personen nur im Rahmen des § 325 ZPO.[53]) Dasselbe gilt natürlich auch von einem Urteil auf Unterlassung von Beeinträchtigungen.

Es ist noch zu prüfen, ob die Konkretisierung des Notwegrechts auf einen bestimmten Inhalt etwa infolge langdauernder Ausübung eintreten kann. In der Praxis des französischen Rechts ist die Frage nach der Ersitzbarkeit der Notweggerechtigkeit häufig erörtert worden.[54]) Man faßte nämlich vor deutschen Gerichten die Bestimmungen des Code civil (682 ff.) über den Notweg meistens dahin auf, daß die Notlage nur einen schuldrechtlichen Anspruch auf Einräumung einer Wegegerechtigkeit gebe und daß darum diese Einräumung durch Vertrag oder Urteil erfolgen müsse; von diesem Standpunkt aus durfte man mit Recht erörtern, ob die betreffende Dienstbarkeit auch ersessen werden könne. Entsteht das dingliche Notwegrecht — wie im BGB. — kraft Gesetzes, so kommt die Ersitzbarkeit des Rechts als solchen nicht in Frage; es könnte nur gefragt werden, ob beim Vorliegen der Wegenot Richtung und Umfang des Notwegrechts ersitzbar sind.[55]) Darauf ist zu sagen: Entspricht die durch lange Jahre erfolgte Benutzungsart den gesetzlichen Richtlinien, so ist sie immer der gesetzliche Inhalt des Rechts gewesen und braucht nicht ersessen zu werden; ist die Benutzungsart dagegen eine ganz andere, d. h. ist sie so, daß der Richter sie offenbar nicht als den richtigen Inhalt des Rechts ansehen würde, dann kann sie auch durch Fristablauf nicht zum Inhalt eines Notwegrechts, sondern nur zum Inhalt einer gewöhnlichen Wegedienstbarkeit werden, deren Ersitzung jedoch nur beim Vorliegen unrichtiger Grundbucheintragung möglich ist (§ 900 Abs. 2).

Ein Erlöschen des Notwegrechts kann, da es sich um ein gesetzliches Recht handelt, nicht durch Verjährung erfolgen (§ 924). Dagegen kann der Berechtigte, da es sich um ein Privatrecht handelt, auf die Geltendmachung seiner Befugnisse verzichten; die dingliche Befreiung des belasteten Grundstücks tritt hierbei jedoch nur ein, wenn ihm gegen das berechtigte Grundstück eine die Ausübung des Notwegrechts ausschließende Grunddienstbarkeit begründet wird.[56]) Das Notwegrecht gehört zum Eigen-

[53]) Biermann, Anm. 2c zu § 917 (ungenau ist es, wenn hier von einer absoluten Wirkung des die Duldungspflicht aussprechenden Urteils die Rede ist); M. Wolff S. 150 Anm. 16.

[54]) Preuß, „Erwerb des Notwegs durch Ersitzung", in PucheltsZ. Bd. 23 S. 627 ff.

[55]) Über diesen Punkt wurde in der 2. Lesung eine besondere Bestimmung evtl in Aussicht gestellt, Prot. S. 3596; Rüdenberg S. 109.

[56]) Gierke S. 419; Kulenkampff S. 41.

tum; der Verzicht ist also Preisgabe eines Eigentumsteils, also inhaltlich eine Eigentumsbelastung.

Wie das Recht durch die Notlage entsteht, so erlischt es auch ohne Zutun der Parteien kraft Gesetzes, wenn die Wegenot aus irgendwelchen Gründen aufhört.[57])

Der belastete Grundeigentümer hat zwecks Entschädigung einen Anspruch auf eine nach Art der Überbaurente zu beurteilende Notwegrente (§ 917 Abs. 2). Sie wird nicht eingetragen, dagegen bedarf der Verzicht auf sie ebenso wie ihre vertragsmäßige Festsetzung der Eintragung (§ 914 Abs. 2). Für die Höhe der Überbaurente ist die Zeit der Grenzüberschreitung maßgebend (§ 912 Abs. 2). Welcher Zeitpunkt muß bei analoger Anwendung dieser Bestimmung auf die Notwegrente für ihre Höhe und außerdem für den Beginn ihres Laufes als entscheidend angesehen werden? Der Zeitpunkt des Eintritts der Notlage, mit der ja auch ipso iure die Duldungspflicht eintritt oder der Zeitpunkt, in welchem diese Duldungspflicht dem Nachbar dadurch fühlbar wird, daß der Berechtigte den Weg in Anspruch nimmt? Offenbar ist dieser letztere Zeitpunkt ausschlaggebend.[58]) Liefe die Rente schon vor der Inanspruchnahme des Weges, so ergäbe sich eine Ungleichheit der Pflichten; außerdem stellt es zunächst gar nicht fest, ob die Duldungspflicht überhaupt praktisch werden wird, da ja der Wegberechtigte z. B. mit Rücksicht auf die Wegenot die Art der Benutzung seines Grundstücks ändern kann. Die Höhe der Rente läßt sich erst bestimmen, wenn Art und Umfang der Wegbenutzung feststehen — sei es infolge widerspruchsloser Benutzung oder infolge besonderer Abmachung oder richterlichen Urteils. Doch sehe ich keinen Grund, den Rentenlauf erst mit der Rechtskraft des Urteils beginnen zu lassen,[59]) da die Benutzung des Grundstücks schon vorher eine rechtmäßige sein kann und in diesem Falle auch die gesetzliche Folge der Entschädigungspflicht haben muß.[60])

4. Das Verhältnis des Notwegrechts zum Recht der Grunddienstbarkeiten.

Seiner juristischen Natur nach ist das Notwegrecht ein Teil des Eigentumsrechts, und zwar nicht ein nur scheinbarer Bestandteil im Sinne des § 96, sondern ein integrierender Teil; es ist nicht ein „mit dem Eigentum verbundenes" Recht,

---

[57]) Menzel S. 254; Rspr. OLG. II S. 506; Gierke S. 439 Anm. 96. Kulenkampff S. 40 f.

[58]) So auch Biermann Anm. 5 zu § 917 (S. 170); RGRKomm. Anm. 13 zu § 917.

[59]) Wie es das Reichsgericht in einer Entsch. vom 22. Dezember 1915 für richtig hält (Bd. 87 S. 425).

[60]) Über die Frage, ob Duldungspflicht und Rentenzahlung im Verhältnis von Leistung und Gegenleistung stehen und ob § 273 BGB. zur Anwendung kommen kann, Wolff, Bau auf fr. B. S. 126 f; Rüdenberg S. 118.

sondern ein Recht, das „sich aus dem Eigentum ergibt".[61]) Es fragt sich, ob dieser Eigentumsteil — für sich allein betrachtet — überhaupt ein in sich geschlossenes Recht ist. Daß es sich nicht um eine aus dem Eigentum fließende subjektiv und objektiv dingliche Obligation handelt, ist schon an früherer Stelle gesagt. Von dem Notwegrecht als einem aus dem Eigentumsinhalt geborenen besonderen Typ des Sachenrechts kann man ebenfalls nicht reden; man könnte sonst aus den Nachbarrechtsbeziehungen noch mancherlei andere besondere dingliche Rechte entnehmen und damit den üblichen numerus clausus der Sachenrechte erheblich erweitern. Die Annahme endlich, es handle sich um eine gesetzliche Wegedienstbarkeit, also um ein neben dem Eigentum stehendes Recht, verbietet sich gegenüber der systematischen Eingliederung des Notwegs durch das Gesetz.[62]) M. Wolff, der in bewußter Abweichung von der Auffassung des Gesetzes eine solche gesetzliche Dienstbarkeit im Überbaurecht sah,[63]) hält diese Meinung gegenwärtig nicht mehr aufrecht.[64]) Auch die Tatsache, daß der Inhalt des Notwegrechts durch eine Parteiabrede oder durch ein richterliches Urteil bestimmt worden ist, kann keinen besonderen Anlaß für die Behauptung einer Dienstbarkeit bilden; daß die Notwegbefugnis Funktionen äußert, die der Ausübung eines Servitutrechts gleichkommen, kann nicht ausschlaggebend für die innere Natur eines Rechts sein, das in Entstehung und Untergang seine Besonderheiten zeigt und vom Gesetz einen anderen Boden für seinen Bestand zugewiesen erhalten hat.

Man mag also vom „Notwegrecht" wie von etwas Selbständigem sprechen, hat es aber in Wahrheit nur als Einzeläußerung eines umfassenderen Rechts anzusehen.

Nun hat der Notweg aber im Gesetz eine Regelung gefunden, die sich im wesentlichen auf die Voraussetzungen seines Entstehens beschränkt, und während der Dauer seines Bestehens kann manche Frage auftauchen, deren Beantwortung nur aus einer anderen Gruppe von Rechtsvorschriften gefunden werden kann. Geben hierbei lediglich die Normen, die für das Eigentum gelten, den Rechtsboden ab und ist eine Beurteilung im Wege der Analogie unzulässig? Oder ist trotz der Zugehörigkeit des Notwegrechts zum Inhalt des Eigentums eine analoge Anwendung des Rechts der Grunddienstbarkeiten an solchen Stellen möglich, wo die Vorschriften über das Eigentum in ihrer Allgemeinheit für die besonderen Funktionen des Notwegrechts keinen genügenden Anhalt bieten?

---

[61]) Und dessen Nichtausübung nach § 1018 a. E. den Inhalt einer Grunddienstbarkeit ausmachen kann.

[62]) Vgl. Karding S. 420 f.

[63]) Bau auf fremdem Boden S. 132.

[64]) Sachenr. S. 146.

Diese Frage darf man wohl ohne Einschränkung bejahen. Wenn das Eigentum in seiner Totalität hier und da bestimmte Rechtswirkungen äußert, die — für sich allein betrachtet — den Inhalt beschränkter Sachenrechte ausmachen könnten, so kann man diese Rechte nicht bloß zur Erklärung, sondern nötigenfalls auch zur rechtlichen Beurteilung der Wirkungen jenes Eigentumsteiles heranziehen. Es handelt sich da um eine Analogie auf demselben sachenrechtlichen Boden. Das Gesetz kann uns der Notwendigkeit des Analogieschlusses entheben durch die ausdrückliche Bestimmung, daß dieser Eigentumsteil nach den Vorschriften eines bestimmten ius in re aliena behandelt werden soll. Das ist für die Notwegrente geschehen durch § 917 Abs. 2 S. 2 in Verbindung mit § 914 Abs. 3. Sie soll wie eine subjektiv dingliche Reallast behandelt werden, obwohl sie begrifflich durchaus keine gesetzliche Reallast ist,[65]) sondern zum Inhalt des Eigentums selbst gehört und in diesem Inhalt beim notleidenden Grundstück das Korrelat des Duldungsanspruchs, beim Nachbargrundstück den Ausgleich für die Duldungspflicht bedeutet. Beim Wegerecht ist ein ähnlicher gesetzlicher Hinweis auf das Recht der Grunddienstbarkeiten nicht erfolgt, weil nicht alle Bestimmungen dieses Rechts Anwendung finden können (z. B. gar nicht §§ 1021, 1022, 1028, und andere Paragraphen nur unter Anpassung an das besondere Notwegrecht); die passenden Bestimmungen aber gegebenenfalls zu entlehnen, wird trotzdem Aufgabe einer richtigen analogen Rechtsanwendung sein dürfen.[66])

Solche Bestimmungen sind:

a) § 1020 über die Pflicht schonender Ausübung von Grunddienstbarkeiten; sowohl bei der Festsetzung des Weges und des Umfanges des Benutzungsrechts wie bei der späteren Ausübung des Rechts wird auf das Interesse des Nachbars tunlichst Rücksicht zu nehmen sein.

b) § 1023, wonach der Belastete die Verlegung des Weges auf eine andere, für den Berechtigten ebenso geeignete Stelle verlangen kann, wenn die Ausübung an der bisherigen Stelle für ihn besonders beschwerlich ist (z. B. infolge Änderung der Bewirtschaftungsart des duldungspflichtigen Grundstücks).[67])

c) Zweifelhaft muß dagegen die Anwendbarkeit von § 1024 betreffend Kollision mit einer Grunddienstbarkeit oder einem sonstigen dinglichen Nutzungsrecht von gleichem Rang erscheinen; hierbei soll jeder Berechtigte eine den Interessen aller Berechtigten nach billigem Ermessen entsprechende Regelung der

---

[65]) M. Wolff S. 147.

[66]) Für die grundsätzliche Anwendbarkeit der Servitutbestimmungen Karding S. 419 ff. und die von ihm Verzeichneten.

[67]) Vgl. Rüdenberg S. 89 f.; Kulenkampff S. 62 f.

Ausübung verlangen dürfen. Diese Vorschrift könnte entsprechend gelten, wenn zwei Notwegrechte miteinander kollidieren, doch ist sie beim Zusammentreffen von Notweg und Grunddienstbarkeit unanwendbar, da das Notwegrecht als Eigentumsteil keinen bestimmten Rang hat.[68]) Ist das Notwegrecht vorhanden, so kann der Eigentümer des duldungspflichtigen Grundstücks diesen Eigentumsteil eines anderen nicht durch eine Servitutbestellung beeinträchtigen; das Notwegrecht wirkt vielmehr gegenüber dem Erwerber der Servitut, obwohl es nicht im Grundbuch eingetragen ist. Entsteht dagegen das Notwegrecht später als die Servitut oder gleichzeitig mit ihr, so trifft die Duldungspflicht aus § 917 auch den Servitutberechtigten, wenn trotz Rücksichtnahme auf seine Interessen der Notweg eine Richtung bekommt, die sein Recht beeinträchtigt; er ist aber gemäß §§ 917 Abs. 2, 916 durch Geldrente zu entschädigen.[69])

d) §§ 1025, 1026; sie betreffen die Folgen der Teilung des berechtigten oder des belasteten Grundstücks.[70]) Bei Teilung des Grundstücks des Berechtigten soll gemäß § 1025 die Grunddienstbarkeit für die einzelnen Teile fortbestehen, ohne daß dabei die Ausübung für den Eigentümer des belasteten Grundstücks beschwerlicher wird; gereicht die Dienstbarkeit nur einem der Teile zum Vorteil, so soll sie für die übrigen Teile erlöschen. Für das Notwegrecht ist diese Vorschrift so nicht verwendbar; der Erwerber des Teilstücks kommt in eine neue Wegenot mit neuen Wirkungen[71]); bei sinngemäßer Anwendung des § 918 Abs. 2, der ja eigentlich den Fall betrifft, daß einer der Teile an den öffentlichen Weg stößt, hat der Eigentümer des Teils, von dem aus der Notweg über das Nachbargrundstück seinen Anfang nimmt, Benutzung seines Teils zwecks Benutzung jenes Notweges über das Nachbargrundstück zu dulden; aber es könnte für die Teileigentümer gegebenenfalls auch eine Situation vorliegen, bei der diese Art mittelbarer Verbindung nicht genügt, so daß sie ein unmittelbares Notwegrecht gegen einen Nachbar mit besonderer Rentenpflicht haben.

Die Bestimmung des gemäß §§ 917 Abs. 2, 914 Abs. 3 maßgebenden § 1108 Abs. 2, wonach bei einer Teilung des mit der Rente belasteten Grundstücks die Teileigentümer für die Zahlung als Gesamtschuldner haften, ist deshalb nur dann anwendbar, wenn die Teilung eine ideelle ist oder wenn bei realer Teilung der bisherige Notweg von den einzelnen Teileigentümern weiter

[68]) Vgl. Rüdenberg S. 94; anders Kulenkampff S. 64.

[69]) Es liegt also hier durchaus keine Lücke im Gesetz vor, wie Rüdenberg S. 94 behauptet.

[70]) Dazu Kulenkampff S. 64 ff.

[71]) Oder auch nicht: z. B. wenn ihm ein an den betr. Teil sich anschließendes Nachbargrundstück gehört, das Verbindung mit dem öffentlichen Weg besitzt.

benutzt wird. Hat dagegen einer der Teile ein anderweitiges Notwegrecht oder bedarf er eines Notwegrechts überhaupt nicht, so wird er von der Rentenpflicht frei, da diese ein gesetzliches Korrelat des Benutzungsrechts ist. — Wird die Benutzung des Nachbargrundstücks infolge der Teilung des berechtigten Grundstücks eine stärkere oder wird sie eine geringere, so erhöht bzw. verringert sich die Rente kraft Gesetzes um einen zu ermittelnden Betrag.

Wird das belastete Grundstück geteilt, so werden, wenn die Ausübung der Dienstbarkeit auf einen bestimmten Teil dieses Grundstücks beschränkt ist, die nicht betroffenen Teile gemäß § 1026 frei. Zu diesem Ergebnis käme man beim Notwegrecht auch ohne besondere Heranziehung des § 1026. Das Rentenrecht müßte bei wörtlicher Anwendung des § 1109 für die einzelnen Teile fortbestehen und zwar nach Anteilen, die der Größe der Teile entsprechen. Auch diese Bestimmung jedoch muß sich wie die des § 1008 Abs. 2 infolge der Natur der Notwegrente verändern: Das Rentenrecht ist ein Ausgleich für die Duldungspflicht und bleibt also nur im Inhalt desjenigen Teils, der von der Duldungspflicht getroffen wird; werden mehrere Teile betroffen, so gebührt ihnen die Rente nicht nach dem Verhältnis ihrer Größen, sondern nach dem ihrer Beschwerung durch den Notweg. Diese Abänderung der §§ 1008, 1009 bei ihrer Anwendung auf die Notwegrente erscheint vielleicht bedenklich; sie ist aber nicht bloß sachlich geboten, sondern auch formell gerechtfertigt, wenn man in § 914 Abs. 3 die Worte „im übrigen finden die Vorschriften Anwendung"... dahin versteht, daß diese Anwendung eine entsprechende, eine sinngemäße sein soll.

e) Ob die Vorschriften über den Rechtsschutz für Dienstbarkeiten ebenfalls im Notwegrecht verwendbar sind, sei im Zusammenhang mit der allgemeinen Frage behandelt, welches überhaupt die möglichen Rechtsschutzmittel beim Notweg sind.

5. Der Rechtsschutz.

Wie die Durchsetzung des Notwegrechts gegenüber dem Nachbar erfolgt, ist bereits oben besprochen worden. Der § 917 gibt, wie gezeigt ist, die Möglichkeit, die Existenz des Notwegrechts und der Duldungspflicht des Nachbars feststellen, ferner den näheren Inhalt des Notweges festsetzen und endlich gegebenenfalls den Nachbar zur Unterlassung von Beeinträchtigungen verurteilen zu lassen. Er gewährt also gegenüber dem Duldungspflichtigen einen hinreichenden Schutz.

Selbst wenn der Weg durch Abrede oder Urteil längst festgelegt sein sollte, würde bei Störungen durch den Nachbar die Klage sich immer auf § 917 und damit auf das Eigentum gründen. Wird dagegen das Recht durch einen Dritten beeinträchtigt, so versagt der Schutz des § 917. Es tritt nicht die im Eigentum enthaltene besondere Nachbarrechtsbeziehung, sondern es tritt die Allseitigkeit des Eigentumsrechts in Wirksamkeit; das Notwegrecht erschöpft sich nicht in der Beziehung von Nachbar zu Nachbar, es handelt sich nicht um einen nur relativ wirkenden Eigentumsteil, sondern um einen durch das Nachbarrecht vermittelten Eigentumszuwachs, der als dingliches Recht auch gegen Dritte wirkt und der als Bestandteil eines ihn umfassenden Rechts in denselben Formen wie jenes Recht, also in denselben Formen, wie es das Eigentum tut, seine Wirkungen äußert. Gegen Dritte wirkt — genau genommen — das Notwegrecht nicht als Notwegrecht, sondern als eine durch das nachbarliche Notwegrecht unmittelbar gegebene dingliche Benutzungsbefugnis. Wer sie verletzt, verletzt das Grundstückseigentum, zu dem sie gehört, und ist daher der negatorischen Klage des § 1004 BGB. ausgesetzt.[72]) Das Vorhandensein dieses sich aus der Zugehörigkeit des Wegerechts zum Eigentumsinhalt ergebenden Rechtsschutzes gegen dritte Störer übersieht Kulenkampff[73]); er will bei analoger Anwendung der einzelnen Vorschriften aus dem Recht der Grunddienstbarkeiten auch den § 1027 mit herübernehmen und dadurch dem Notwegberechtigten den petitorischen Schutz der actio confessoria angedeihen lassen, weil jener andernfalls gegen dritte Störer machtlos und nur auf das Verlangen gegen den Nachbar beschränkt sein würde, den Weg von neuem „einzuräumen" (bedenkliche und wohl nur flüchtige Ausdrucksweise!). Die analoge Anwendung von § 1027 ist aber gar nicht nötig, wäre auch nicht richtig; als Eigentumsteil genießt das dingliche Benutzungsrecht den Schutz des Eigentums, nicht den einer Grunddienstbarkeit.

Wird der Schutz gegen Störungen schleunig gebraucht, so ist außer etwaiger Selbsthilfe (§ 227) die Möglichkeit einer einstweiligen Verfügung — gegen den Nachbar oder auch gegen Dritte — gegeben. Zweifelhaft erscheint es, ob ein Besitzschutz für den Wegeberechtigten denkbar ist. Sicher ist, daß der Notwegberechtigte zwar die Befugnis, den Weg zu benutzen, nicht aber einen dauernden Sachbesitz an der Wegstrecke hat — selbst dann nicht, wenn er den Weg täglich benutzt.[74]) Es geht auch nicht an,

[72]) Der Erbbauberechtigte, dem ja eventl. ein Notwegrecht zusteht, würde seine Klage auf §§ 1017 i. Vb. mit 1004, der Nießbraucher, der zwar nicht als Notwegberechtigter in Betracht kommt, aber doch mit dem Grundstück auch das dazu gehörige Notwegrecht nutzt, seine Klage auf §§ 1065, 1004 stützen.

[73]) S. 66 f.

[74]) Nur wenn für einen Grunddienstbarkeitsberechtigten eine dauernde Anlage auf dem dienenden Grundstück gehalten wird, läge eine tatsächliche Beziehung vor, die bis zum Sachbesitz gesteigert sein könnte, vgl. Prot. III S. 319 (§ 979).

den Sachbesitz am Weg aus der Tatsache zu folgern, daß der Notwegberechtigte Sachbesitz am eingeschlossenen Grundstück hat und das Wegrecht zum Grundstückseigentum gehört; denn die Frage des Sachbesitzes ist rein tatsächlicher Natur; darum ist es auch willkürlich, den Besitzschutz mit der Begründung zu rechtfertigen, die Störung der Ausübung des Notwegrechts greife in das Eigentum selbst ein, der Besitzer des eingeschlossenen Grundstücks, der in Ausübung dieses Sachbesitzes den Notweg tatsächlich in Anspruch nehme, müsse also hierfür den gesetzlichen Besitzschutz genießen.[75])

Die Versagung des Besitzschutzes ist für den Notwegberechtigten selbst nicht sehr folgenschwer, da er petitorischen Schutz gegen Störungen genießt und nötigenfalls eine einstweilige Verfügung auf dieser Grundlage erwirken kann. Doch fällt diese Möglichkeit z. B. für den Grundstückspächter, der ja nur das dem Eigentümer zustehende Notwegrecht kraft eines bloßen Forderungsrechts ausübt, fort. Man hat es darum für sehr wünschenswert, ja notwendig bezeichnet,[76]) im Wege der Analogie den Schutz des Rechtsbesitzes, wie ihn § 1029 bei Grunddienstbarkeiten nicht nur dem Eigentümer, sondern auch dem Besitzer des herrschenden Grundstücks gewährt, auf das Notwegrecht anzuwenden, wodurch den Notwegberechtigten der Besitzschutz der §§ 859 ff. vermittelt würde. Da jedoch § 1029 voraussetzt, daß die betreffende Gerechtigkeit im Grundbuch eingetragen ist, widerstrebt die überwiegende Ansicht in der Literatur[77]) ohne weitere Begründung der Anwendbarkeit des § 1029, während andererseits die Spezialarbeiten von Rüdenberg,[78]) Karding[79]) und Kulenkampff[80]) sich dafür aussprechen. Dabei wird von Rüdenberg und namentlich von Karding folgendes Argument verwendet: § 1029 betreffe in erster Linie die nach dem 1. Januar 1900, also durch Eintragung entstandenen Dienstbarkeiten, wodurch sich sein Wortlaut erklärte[81]); Art. 191 des EG. ergebe, daß Dienstbarkeiten auch ohne Eintragung unter gewissen Voraussetzungen Besitzschutz genießen könnten; an der mangelnden

[75]) So Rspr. OLG. X. 111 (Colmar); vgl. auch M. Wolff S. 150 Anm. 15.

[76]) Rüdenberg S. 113; Kulenkampff S. 69. — Übrigens würde der nur persönlich Berechtigte, falls ihm damit gedient ist, gegen den ihn störenden Nachbar auf Feststellung seiner Duldungspflicht gegenüber dem Eigentümer des eingeschlossenen Grundstücks klagen können.

[77]) Biermann Bem. 3 zu § 917; Mot. S. 292; Staudinger a. a. O. VI. 3; Planck 2 a ζ; RGRKomm. Bem. 8; Cosack § 218 V. 5 b; weitere Zitate bei Kulenkampff S. 74 Anm. 39

[78]) S. 112 ff.

[79]) S. 425 ff.

[80]) S. 73 ff.

[81]) Karding geht so weit, zu sagen (S. 427): „Die Eintragung ist nicht ein Erfordernis für den Besitzschutz, sondern ein Erfordernis für die Existenz der Grunddienstbarkeit."

Eintragung könne also die Gewährung possessorischen Schutzes bei analoger Anwendung des § 1029 nicht scheitern. Demgegenüber ist zu sagen, daß das Eingetragensein beim Schutz des Rechtsbesitzes durch die Grundsätze des Publizitätsprinzips gefordert wird und die durch Art. 191 EG. zugelassenen Ausnahmen, die einen anderen Nachweis der Sichtbarkeit des Rechts verlangen, den Charakter von Übergangsbestimmungen tragen, die ihrer Natur nach nicht geeignet sind, zur ausdehnenden Auslegung eines Grundsatzes verwendet zu werden. Und ein solches extensives Vorgehen befürwortet im Grunde auch Kulenkampff, wenn er[82]) ausführt: Der Grundsatz, daß das Eintragungsprinzip nicht durchbrochen werden solle, könne für das Notwegrecht ohne weiteres in Fortfall kommen; denn das Eintragungsprinzip würde durch den Besitzschutz für das Notwegrecht keine Durchbrechung erleiden, weil dieses Recht der Eintragung gar nicht bedürfe und ohnehin öffentlich sei, da jeder Interessent die Möglichkeit habe, sich in der Örtlichkeit darüber zu unterrichten, ob ein solches Notwegrecht in Frage komme oder nicht. — Abgesehen davon, daß diese von Kulenkampff angenommene Sichtbarkeit für ein Recht, dessen Besitz geschützt werden soll, doch eine ziemlich schwache ist, liegt hier jedenfalls eine etwas gewaltsame Handhabung der analogen Rechtsanwendung vor. Der Analogieschluß verlangt eine gleiche oder parallele Tatsachenlage. Gewiß kann nun die Tatsache, daß ein Recht ohne Eintragung wirksam ist, dem grundsätzlich erforderten Eingetragensein gleichgeachtet werden, — aber doch nur, wenn es sich eben um die Beurteilung von Rechtswirkungen handelt, nicht aber, wenn der Grundbucheintrag gerade in seiner Form als Schein des Rechts vorausgesetzt wird, wenn eben gerade diese äußere Sichtbarkeit genügen soll für einen Zweck, für den das nichteingetragene Recht eine ähnliche Sichtbarkeit überhaupt nicht aufweist. Dann liegen die tatsächlichen Voraussetzungen für einen solchen Zweck eben nicht mehr gleich. Entbehrt das Notwegrecht wegen seiner besonderen Natur einer für den Schutz der Grunddienstbarkeiten erforderten äußeren Voraussetzung, so ist eben die Tatsachenlage weder eine gleiche noch eine ähnliche, und die Möglichkeit einer Analogie, deren Zulässigkeit für die Herübernahme jeder einzelnen Bestimmung aus dem Recht der Grunddienstbarkeiten zu prüfen war, liegt eben für den Schutz des Rechtsbesitzes nicht vor. § 1029 ist darum m. E. für den Notweg nicht anwendbar.

Rechtsstreitigkeiten, die den Notweg betreffen, vollziehen sich nach geltendem Recht nicht nur äußerlich in den Formen des *ordentlichen Prozesses*, sondern es handelt sich bei ihnen auch durchweg um die Geltendmachung gewöhnlicher Privatrechte. Das gilt auch für die Klage auf Bestimmung der Wegrichtung und des

[82]) S. 77 ff.

Inhalts des Benutzungsrechts; es wird hierbei nicht etwa auf der Grundlage einer Enteignungsbefugnis ein öffentlichrechtlicher Anspruch geltend gemacht, sondern ein auf der Nachbarrechtslage ruhendes privatrechtliches Begehren auf Ermittelung des Inhalts eines vorhandenen Sachenrechts. Zweifel hinsichtlich der Kostenlast, wie man sie in der Literatur des gemeinen und des preußischen Rechts findet, können deshalb nicht bestehen; es sind vielmehr in jedem Falle die allgemeinen Vorschriften der §§ 91 ff. ZPO. anzuwenden.

Wir konnten sehen, daß man zu allen Zeiten der etwa vorhandenen Wegenot abzuhelfen gesucht hat. Die Not war eine große oder geringe, je nach der Art der agrarischen Bodenverteilung und je nach der Ausgiebigkeit des behördlich angelegten Wegenetzes. Die Abhilfe geschah in der Form behördlicher Fürsorge und behördlichen Eingriffs oder durch Anerkennung privatrechtlicher Duldungspflichten unter den Nachbarn, Pflichten, die ohne obrigkeitlichen Akt sich einfach aus der Tatsachenlage ergaben. Das deutsche Wirtschaftsleben des Mittelalters und die germanische Rechtsauffassung vom Grundstückseigentum gaben den eigentlichen Nährboden für die weitgehende Anerkennung der durch die wirtschaftlichen Bedürfnisse geforderten nachbarrechtlichen Beschränkungen, ohne daß man diese dabei als eine Gruppe von Sonderrechten und Sonderpflichten außerhalb des Eigentumsinhalts auffaßte; sie bedeuteten keine außerordentlichen Lasten, sondern waren übliche Modifikationen des Eigentums, die ipso iure entstanden; zu ihnen gehörten auch Recht und Pflicht der Gewährung des nötigen Weges. Der Einfluß des fremden Rechts änderte vorübergehend diese Anschauung und stellte ihr jene andere gegenüber, daß in solchen Bedürfnisfällen das grundsätzlich uneingeengte Eigentum durch extraordinäre Schaffung obrigkeitlicher Servituten in jedem Einzelfall besonders belastet werden müsse: eine winzige Quellenstelle wurde mit ihren Einzelheiten grundlegend für die Theorie von Jahrhunderten; der Eigentumsgedanke drängte den der nachbarrechtlichen Schranke zurück. Die Rechtsentwickelung der Folgezeit zeigt ein unbestimmtes Schwanken und schließlich eine Rückkehr zu den Ideen des früheren einheimischen Rechts. An die Stelle der behördlich geschaffenen Notservitut tritt wieder die selbsttätig wirkende Nachbarrechtsbeziehung; und im Streben nach richtiger Systematik, nach reinlicher Scheidung des privat- und des öffentlichrechtlichen Pflichtenkreises stellt die geltende deutsche Gesetzgebung das Notwegrecht in die Reihe der privaten Nachbarrechte, lehnt dadurch die Notwendigkeit eines obrigkeitlichen Eingriffs ab und gibt dem Recht auf den Notweg den Charakter eines gegebenenfalls ipso iure wirksamen Teils vom Eigentumsinhalt, eines Teils, der äußerlich wie ein besonderes Recht anmutet, ohne es in Wirklichkeit zu sein.

Dernburg, Heinrich

System des Römischen Rechts. Der „Pandekten" 8. umgearbeitete Auflage bearb. von Dr. Paul Sokolowski, ord. Professor an der Universität Königsberg i. Pr. 2 Teile. Lex. 8°. (XXX, 1110 S.) Berlin 1910/12. Ungeb. 22.60, geb. 26.60

Zelter, G., Rechtsanwalt am OLG. Stettin

Die statutarischen Gütererbrechte der Uebergangszeit in Preußen. gr. 8°. (VII, 75 Seiten). 1901. Kart. 3.—

Biermann, Dr. J. Professor.

Bürgerliches Recht. 1. Band: Allg. Lehren und Personenrecht. gr. 8°. (VIII, 538 S.) 1908. Ungeb. 10.—

Willenbücher, weil. Geh. Justizrat

Liegenschaftsrecht des Bürgerlichen Gesetzbuchs und die Reichs-Grundbuchordnung mit Erläuterungen. 1904.

a) Ausgabe für das Reich. (VIII, 404 S.) Geb. 8.—

b) Ausgabe für Preußen. (VIII, 518 S.) Geb. 10.—

Müller, W., Amtsgerichtsrat

Deutsches Bau- und Nachbarrecht, unter besonderer Berücksichtigung der Preußischen Landesgesetzgebung. 2. umgearb. Auflage. gr. 8°. (VIII, 143 Seiten). 1903. Kart. 4.—

Petrażycki, L. v., Professor an der Universität St. Petersburg

Ueber die Motive des Handelns und über das Wesen der Moral und des Rechts. Aus dem Russischen ins Deutsche übertragen von P. Balsen. 8°. (64 S.) 1907. Ungeb. 1.50

FSC
www.fsc.org
MIX
Papier | Fördert gute Waldnutzung
FSC® C083411

Kolibri 360 GmbH
Ferdinand-Jühlke-Straße 7
99095 Erfurt, Deutschland
produktsicherheit@kolibri360.de